PHP
Business Shinsho

60代を自由に生きるための
誰も教えてくれなかった
「お金と仕事」の話

Masayuki Sakakibara
榊原　正幸

PHPビジネス新書

はじめに——豊かで快適な60代を迎えるための「3本の矢」

60歳を前に「自主定年退職」

こんにちは。「MOTO教授」の榊原です。「MOTO教授」というのは、「元・大学教授」を今風に表現したものです。オートバイレースの世界最高峰である「MotoGP」からヒントを得ました。「YouTuber」という、20年前にはなかった新しい職業があるくらいですから、「MOTO教授」という新しい肩書きがあってもいいんじゃないかな、と思いまして。

私は、2004年3月までは東北大学で教授をしていて、その後、2021年3月まで青山学院大学大学院で教授をしていました。そして、2021年3月末をもって、定年までの任期を9年残して「自主定年退職」をしました。「自主定年退職」というのは、「自分で自分の定年の時期を決めて、自主的に退職すること」を意味する造語です。

現在は、「MOTO教授」という、耳慣れない新しい肩書きを引っさげて、要は「楽隠居」をしながら、株式投資のオンラインサロンを運営したり、個人投資家として活動したり、たまに原稿を執筆したりしています。

本書の「Abstract」

学術論文には、冒頭に「Abstract」という「概要」が載っているのが一般的です。本書は一般書であり、学術論文のような難解なものでは決してないのですが、「Abstract」の方式を採用して、「本書で伝えたいことの概要」を最初に述べてみます。

「本書で伝えたいことの概要」は次の通りです。

仕事人生を快適に過ごし終えて、豊かで快適な60代を迎えるためには、どうすればよいのか。それには、次の「3本の矢」が肝心です。

一の矢は、「イヤじゃない仕事」に就くことです。

二の矢は、「副業」をすることです。

三の矢は、「株式投資による運用」をすることです。

「イヤじゃない仕事」「副業」「株式投資による運用」の3点セット。これが、これからの日本を上手に生きていくための「ロールモデル」です。

かつての「ロールモデル」はもはや崩壊している

20世紀には、「いい大学」「いい企業」「多額の退職金と分厚い年金」がロールモデルでしたが、これらは見事に崩れ去っています。１９９０～２０２０年の「失われた30年」の間に、「学歴偏重主義」「大企業神話」「年金への信頼」も失われたのです。

「学歴偏重主義」は、もともと幻想でしかありません。「学歴」や「学力」は、人間の能力のうちのほんの一側面にしか過ぎないからです。

「大企業神話」は、１９９０年代初頭からのバブル崩壊とともに崩れ去っていきました。大企業神話の綻（ほころ）びは、１９９０年代後半の長銀破綻・山一證券の自主廃業から顕著になりました。そしてその後、２００８年のリーマンショックまでの十数年の間に、「大企業神話」は、完全に崩れ去ったといえるでしょう。

「年金への信頼」もしかりです。年金制度そのものは、崩壊はしないでしょう。日本の年金制度は、悪しき「賦課方式」(働き手からお金を徴収し、年金世代に配る方法)を採用していますから、15~64歳の生産年齢人口がゼロになり、年金の備蓄額がゼロにならない限り、年金制度は崩壊しないのです。そして、そんなこと(生産年齢人口と年金の備蓄額がゼロになること)は起こらないので、年金制度は、崩壊はしないのです。

ただ、先細り(支給開始年齢の後倒しと支給額の減額)は確定です。これが「年金不安」を生んでいます。

完全な破綻はしなくても、支給開始の時期が満75歳まで後倒しになれば、満75歳まで生きない人にとっては年金は「ないもの」になりますし、満75歳以降まで生きる人にとっても、75歳までは自力でなんとかしなければならなくなるわけです。

しかも今後、支給額が減額されて、「生活できないレベル」まで落ち込めば、これまた「ないようなものだ」ということになります。

だからこそ3本の矢で「不安のない60代」を!

このように、「学歴偏重主義」「大企業神話」「年金への信頼」が崩れ去ったことで、21世紀に入って以来20年もの間、日本人はよって立つべき「いい人生のロールモデル」を探して彷徨(さまよ)ってきました。特に、バブル崩壊からの「失われた30年」を身をもって体験してきた40～60代の人にとっては、自らの足元が崩れ去っていくような不安を覚えたのではないでしょうか。

そこで、本書の登場です。

「イヤじゃない仕事」「副業」「株式投資による運用」の3本の矢で、60代を「青春時代」にし、その後も不安なく老後を過ごす。そのロールモデルをお示ししたいのです。

これが、「本書で伝えたいことの概要」です。

本書では、第1章、第2章で本書をお読みになるに当たって知っておいていただきたいことについて述べた上で、第3章で「60代を青春時代にするための3本の矢」と題して、これらの三つについて詳述してまいります。

第4章で、株式投資による資産運用の具体策をお示しします。

そして最後の第5章で、60代を「青春時代」にするために、すべきことを書きます。

私は1年ほど前に『60歳までに「お金の自由」を手に入れる！』（PHP研究所刊）という本を書き、おかげさまで好評を得て版を重ねております。本書はその内容をさらにパワーアップさせた上で、「60代でも間に合うのか」という疑問にお答えする内容になっています。

さらに、前著発刊時と今とで大きく異なっているのが、2022年に顕著になったインフレと円安です。おそらく多くの人が老後をさらに不安視していると思います。本書では、それに対する指針もお伝えいたします。

ぜひとも、一人でも多くの方が、この新たなる「ロールモデル」を実践することで、幸せな人生を歩んでいただくことを願ってやみません。

2022年12月

榊原　正幸

目次◉誰も教えてくれなかった「お金と仕事」の話

第2章

誰もが抱える「老後の不安」への賢い対処法

第3章 60代を青春時代にするための「3本の矢」

第4章 「株式投資」の具体策——「お金の安心」はこうして手に入れる

第5章 「理想の60代」の過ごし方
——お金と仕事の安心を手に入れる

第1章

60代こそ青春時代！

1-1

60代になったからこそ見えてきた「自由な人生」を手に入れる方法

元大学教授の気ままな60代

私は約2年前、還暦まで2カ月を残すタイミングで、満を持して「自主定年退職」をすることにしました。私が奉職していた青山学院大学の教授の定年は69歳近くですから、同僚の教授より10年近く早く定年退職したということになります。会社員の方なら50歳か55歳くらいで定年を迎える、というイメージでしょうか。まさに「早期退職」と同じですね。

大学教授という安定した、そしてまあまあステータスもある仕事をさっさと投げ出してしまったわけで、私の周りの親しい人たちは皆、異口同音に「せっかくあと10年近く働けるのに、60歳で有名私大の教授を辞めちゃうのは、お金の意味でも、社会的な意味でももったいない！」と言ってくださいました。

しかし、それから2年経ち、私は後悔するどころか「大学を辞めてよかったなー」と、日々実感する生活を送ることができています。

具体的には、以下のような自由な生活を送っています。

・毎日起きたい時に起き、眠りたい時に眠る生活
・日中は「やりたい仕事」を誰に強制されることなくやる生活
・学生と触れ合う機会は減ったが、副業にて日々、多くの人と接する生活
・週末ごとに「小旅行」を楽しむ生活（本当は海外に行きたいのですが、今は自粛しています）
・趣味の「デイトレード」で楽しみながら、かなり多額の利益を毎日得る生活

60代は「第二」ではなく「第一の青春時代」

こういう生活を送っていて痛感したことがあります。

それは、**「60代は青春時代だ」**ということです。

よく、「定年後は第二の青春時代だ」ということが言われますが、私は定年後こそ「第一の青春時代だ」と思っています。

10代や20代の若い頃よりも、60代の今のほうが、圧倒的に楽しいからです。なぜなら10代や20代の若い頃よりも、お金と時間に余裕があって、人生経験も積んでいるので、縦横無尽に楽しめるからです。このことは、第5章でも再論します。

ちなみに、私と同じ歳の芸能人は、とんねるずのお二人、哀川翔さん、中井貴一さんなどです。イメージしてみてください。60代って、意外と若いのです。60代の人生も、意外と侮れないんですよ。これが、実際に自分が60代になってみてわかったことです。

もちろん、私はまだ60代の人生を1年半ほどしかやっていませんから、「60代のこと」は8割以上が未体験ゾーンです。ですが、多くの人が感じている「老後のお金の不安」「老後の生活の不安」をほとんど感じていないのは事実です。

ですから本書は、60代の人生をすべて経験した上で、後進の方に生き方を指南する本ではありません。60歳の時点で、「これからやって来るであろう60代の10年間を楽しく、有意義に暮らせるぞ！」と確信してワクワクできるようにするためにはどうしたらいいかをお伝えする本です。

「異端児的」行動

本編に入る前に、私がどんな人生遍歴を経てきたのかについて述べます。そうすることで、私が「60代は人生で最高の青春時代である」と言えるようになるまでのプロセスをお知らせできるので、皆さんにも「自分なら、自分の人生のどこで何をどうすれば、60代を青春時代にすることができるか」を考えていただく材料になるのではないかと思います。

少々長くなりますが、おつき合いください。

私は1961年6月8日に、名古屋市中区新栄で税理士事務所を開業していた父と専業主婦の母との間に次男として生まれました。

中学3年生の時に、受験勉強をすごく頑張ったので、当時、愛知県で一番偏差値が高かった千種高校になんとか入学することができました。大学も地元の名古屋大学経済学部に現役で合格できました。

私が大学2年生の冬に、父が脳梗塞を発症して入院しました。父がこの病気を発症した時には、一家離散の憂き目に遭うのではないかと心底ビビって、泥縄式ですが、父の後を継ぐために、税理士試験の早期合格を目指して猛烈に勉強を開始しました。幸いにもこの時は、父は一命を取り留めました（ただ、後遺症は残り、11年後には再発することになるのですが）。

猛勉強をした甲斐があって、大学3年生の時に（税理士試験の）簿記論に、大学4年生の時に、財務諸表論に合格できました。しかし、税理士になるには、まだあと三つの税法科目に合格する必要があったので、就職せずに名古屋大学の大学院（経済学研究科）に進学することにしました。

もともと、サラリーマン（会社員や公務員）として働くのがとてもイヤだったので、就職活動をせずに大学院に進学するという進路は、私にとってはごく自然な選択肢でした。

大学4年の9月頃のことだったと思います。わが家に遊びに来た親戚の叔母を車で送っていこうということで、私が運転する車に叔母と父とで乗っていた時のことです。後部座席に乗っていた叔母が、「そういえばマサくん（私のことです）は、今年大学の4年生でしょ。就職はどうなったの？」と訊いてきました。

私が、「いや、就職はしないんです。大学院に行こうと思っています」と答えたら、叔母は、せっかく地元の一流大学を出るのに就職をしないなんてもったいない、といった感じで、「へぇ……」と怪訝（けげん）そうな返事をしました。

そうしたら、父が、「マサくんなんか、まだまだヒヨッコだ。今、社会に出てもつかい物にならないわ。まだ、学校で勉強していればいいんだよ」と言ったのです。「大学を出たら働くのが当然」という時代に、父がこういうふうに考えてくれていたことは、とても恵まれていたと思っています。

今では、文系で大学院に進学することも珍しくなくなりましたが、当時は非常に異端でした。私の人生における「１回目の異端児的行動」です。

留学、転職……すべて周りからは止められた

そして、名古屋大学大学院経済学研究科の博士課程を満期退学し、名古屋大学経済学部の助手になりました。助手の任期は2年で、その後、就職浪人を1年経験しました。助手

の1年目が終わった頃に結婚をしたので、この就職浪人の時期は精神的にかなり辛かったです。

就職浪人1年を経た翌年度に、文部省（当時）の関連組織である日本学術振興会という機関が募集する「特別研究員（PD）」という研究職のポストを得ることができ、2年間、国費で研究生活を続ける機会を与えられました。

その期間中に、当時イギリスにあった日本人向けの私立大学のポストを得ることができ、渡英することにしました。

PDとしてこのまま任期を満了するまで研究活動と就職活動を続けていけば、日本国内のどこかの大学で職を得ることはできるだろう、と周りからは言われていましたが、あえて渡英を決めました。海外留学は高校生の時から「やってみたいこと」だったからです。当時32歳で、海外留学を始める時期としては、かなり遅かったと思います。

渡英は、私の人生における「2回目の異端児的行動」です。

イギリスでは、ロンドン郊外のレディングという街（首都ロンドンの近郊にある大きめの都市で、日本でいうと、横浜の位置にある街）に住み、日本人学校のような私立大学で専任講師として働きながら、現地のレディング大学の大学院博士課程に通いました。しかし、勤務先の大学が薄給だったため、早期にお金が底をつき、当時まだ存命だった父の容態も終末期を迎えてしまったので、イギリス生活は2年7カ月でピリオドを打ち、帰国することにしました。

幸い、帰国前のギリギリのタイミングで、浜松短期大学（現・浜松学院大学）の公募に通ったので、安心して帰国の途に就くことができました。レディング大学での博士論文研究はその後も続けて、２００１年に博士号を授与されました。

帰国して1年後の１９９7年4月には、東北大学経済学部に採用され、助教授として着任しました。東北大学の経済学部には7年間奉職し、東北大学での最終年度には教授に昇格できました。

東北大学における研究環境は素晴らしかったのですが、「自分の可能性は大学での研究・教育だけではないのではないか。もっといろいろなことに挑戦してみたい」と思うようになりました。その時、前年に青山学院大学に転任した東北大学の元同僚がたまたま声をかけてくださったので、青山学院大学の大学院（ビジネススクール）に移籍することにしました。

伝統ある国立大学から私立大学に移籍するというのも、これまた異端です。私の人生における「3回目の異端児的行動」です。

そして青山学院大学での17年間の奉職を経て、２０２１年3月に「自主定年退職」をしたわけですが、それについてあちこちから「もったいない」と言われたことは前述した通りです。これは私の「4回目の異端児的行動」だったわけです。

このように人生の転換期で四度の「異端児的行動」をしてきたわけですが、どの選択も「今から思えば、本当にあの時そうしてよかった。そうではない人生なんて、考えられない」と思えるような人生を送ることができています。

自主定年退職についても、あのタイミングで自主定年退職をしたからこそ得られた、とても貴重なご縁もあります。人生は、どこでどんな出逢いがあるか、わからないものです。

異端児的行動ができた理由

私がこの「自主定年退職」という異端児的行動ができた理由こそ、前述した「仕事とお金」の話に繋がってきます。

今でこそ、そこそこいい生活ができている私ですが、青山学院大学大学院に移籍した２００４年４月、**42歳と10カ月時点で、お恥ずかしいことに「貯金はゼロ」でした。**

東北大学時代も、手取りで１０００万円を超えるような十分な金額の給与をいただいていましたが、食費や生活費・住宅ローン・２台の車のローンを支払ったら残りはゼロかマイナスで、ボーナスがなかったら、お盆と歳末を越せない状況が続いていました。

東北大学時代の私は、ロバート・キヨサキ氏のいう、典型的な**「貧乏父さん」**でした。ベストセラーとなった『金持ち父さん　貧乏父さん』（筑摩書房）にある、「たとえ給与収入が多くても、支出額も多くて、差し引きがゼロなら、それは『貧乏父さん』だ」というロバート・キヨサキ氏の説、まさにそのものズバリが、当時の私でした。

そこで私は一念発起しました。そもそも会計学を研究しているのだから、その研究成果を株式投資に活かさない手はないと考え、数字の分析と自らの実践を重ねて独自の株式投資理論を築き上げました（Ｐｒｏｆ・サカキ式投資法）。そして、その理論に基づいて株式投資を行うことで、**60歳になる前には「自主定年退職をしてもまったく問題ない」くらいの資産を築き上げることができた**のです。

また、青山学院大学に移籍して1年目の秋から冬にかけて、株式投資に関する本を書き上げました。それが私の株式投資に関する著作の第1作目（『株式投資「必勝ゼミ」』ＰＨＰ研究所、２００５年）です。本書はおかげさまでベストセラーとなり、シリーズ累計で20万部を超えました。

その本を上梓すると同時に、株式投資のオンラインサロン（ご興味のある方は、「兜町大学教授の教え」でググってみてください）を立ち上げました。これは今に至るまで、私にとってかけがえのない副業となりました。

その後も株式投資に関する著作を書き続け、青山学院大学に在籍していた17年間に17冊の株式投資関連の著作を世に出すことができました。その多くはＰＨＰ研究所から上梓したものであり、編集者の吉村健太郎氏には、株式投資関連の著作の第1作目を上梓した

２００５年からずっとお世話になってまいりました。まさに恩人です。

私が自主定年退職という選択ができたのも、このように**「投資」と「副業」が私の人生を支えていてくれたから**です。

決断のためには「仕事とお金」から自由でなくてはならない

このように私は四度の「異端児的行動」をとり、それをバネにして頑張ったことで、自らの人生を切り拓くことができたと思っております。

甘いことは言いたくありません。「60代は人生で最高の青春時代である」と言えるようになるためには、人生のどこかで「異端児的なリスク」をとって、死にものぐるいで努力をする必要があります。

ただ、最初の三度の「異端児的行動」に比べると、四度目の異端児的行動である「自主定年退職」の決断は、あまり切実な思い切りが必要なものではありませんでした。その理由はなんといっても、お金と仕事の不安がなかったからです。冒頭で述べたように「３本の矢」があったからこそ、この決断ができたのだと思っています。
だからこそ皆さんもぜひ「3本の矢」、すなわち、

- **「イヤじゃない仕事」に就くこと**
- **「副業」をすること**
- **「株式投資による運用」をすること**

を早期に実現していただきたいと思うのです。

「イヤじゃない仕事」については第3章で詳述しますが、私の場合、満50歳から満60歳の手前までは、お金のため（生活維持のため）ではなく、「イヤじゃない仕事だから」という理由で仕事を辞めずに続けていました。これがまた、60代を輝ける時代にするのに一段と大きな意味があったと思っています。

「まとまったお金ができたら、今の仕事なんかとっとと辞めて、遊んで暮らしてやる」なんてことを考えている人は、根本から人生設計を見直したほうがいいです。**仕事のない人**

生なんて、最初は楽しくても、結局はヒマなだけで、ろくなことはありません（このことは、後にも再論します）。

イヤじゃない仕事や副業があれば、毎日が充実しますし、老後の資金もしっかりと貯めることができます。

それでは、次の第2章で、今迫りつつある不安と老後の不安、そしてその対処法について述べた上で、第3章で、21世紀の日本を楽しく、かつ、安心して生きていくための「ロールモデル」について述べていきます。

第2章

誰もが抱える「老後の不安」への賢い対処法

2-1

今、迫りつつある危機 ～インフレと財産税の課税～

インフレが迫る日本

この部分の原稿を書いているのは2022年10月ですが、読者の皆さんの手元にこの本が届くのは2023年1月以降です。現在のように変化が激しい時代においては、2～3カ月先のことを見通すのも難しいと思いますので、むやみに将来予測をするのではなく、現時点でわかっている事実から私なりに考察を加えて、「今の時代（とりわけ2023～2024年の日本の世相）」について述べてみます。

読者の皆さんの不安を煽（あお）るつもりは決してありませんが、最初に不安要素について詳しく述べて、そのあとで対処法について考えていきます。

まず現時点において、日本の国民の多くが不安に思っていることは「インフレがどこまで進むのか」だと思います。

ズバリ申し上げますと、**日本の政府・財務省・日銀にとって、インフレは「国策」です。**アベノミクスはそもそもインフレ誘導政策ですし、アベノミクスが始まってほどなくして、日銀によって異次元の金融緩和が行われました。この時（2013年4月）から、政府はインフレによる「政府の借金軽減政策」に乗り出したのです。

インフレになれば、借金の実質的な負担は軽減されるので、日本一の借金王である日本政府は「インフレによる政府の借金の軽減」を謀（はか）っているのです。たとえば、1000万円の借金も、インフレで年収が400万円から4000万円になれば、簡単に返すことができます。それと同じことです。

日本の政府（国と地方）の債務残高が1200兆円を超えていることは、ご存じの方も多いと思います。これをなんとかするには、強めのインフレ（または、ハイパーインフレ）を起こすか、「財産税」を課税するかしか、手立てはもうないのです。

ハイパーインフレと財産税の課税のどちらがマシかといえば、決定的に「財産税課税のほうがマシ」です。

以下、これらの二つについて考えていきます。まず、マシなほう（財産税課税）から述べていきます。

財産税課税とは何か？

財産税課税というのは、主に現金預金や金融資産に対して一時的に行われる課税であり、表現は悪いですが、実質的には国による「財産没収」です。憲法が保障する財産権の見地から、「預金封鎖」といったあからさまな財産没収はできないので、「課税」という形で国が財産を没収するわけです。

この方策による国家の借金の軽減がなぜ「マシなほう」なのかというと、財産税課税が行われるとした場合には、たぶん4000万円とか5000万円といった「課税最低限」が設けられると考えられるからです。そうなれば、大多数の国民は課税されずにすむのです。

なぜそうするかというと、国民的な反対や暴動が起こらないようにするためです。

現在でも、相続税については「3000万円+法定相続人の数×600万円」までは非課税とされています。配偶者と子供二人という一般的な家庭では「4800万円まで」の相続財産には課税されません。これによって、全国民の90%以上は相続税を課税されないといわれています。

これと同じように、4000万円とか5000万円といった「課税最低限（=非課税枠）」を設けることによって、90%程度の国民を財産税課税の対象から除外するのです。そうすれば、国民の同意を得やすいというわけです。

「自分は財産を持っていないから安心」とはいかない

しかしながら、ここで「自分は4000万円とか5000万円というような金額の課税財産（現金預金や金融資産）を持っていないから安心だ。自分には関係ないや」と考えた方は甘いです。

一般の庶民には課税しない代わりに、富裕層に対してはかなり強めの課税になるので、富裕層の財産が激減し、消費意欲が激減します。これは景気を大きく冷やし、大不況を呼びます。そうなると、一般の国民の暮らしにも大きな負の要因となってのしかかります。
ですから、**財産税課税は直接的または間接的な形で国民全体にマイナスの影響を及ぼすことになる**のです。

なぜそんなことをするのかというと、前述したように、国家の債務残高がどうしようもないほど莫大になってしまっているからです。これを近いうちになんとかしないと、最悪の場合は、日本が国際的な取引から除外されてしまうという事態にすらなりかねません。極論してしまうと、国際的な通貨決済システムから排除されてしまい、貿易などに支障をきたしてしまうのです（ウクライナ侵攻後のロシアは、制裁として、これと似たような措置を講じられています。戦争をしかけなくても、借金が多すぎれば国際的な信認は地に堕ちます）。政府はいよいよお尻に火がついた状態だと思います。

そもそも、なぜ国家の債務残高がどうしようもないほど莫大になってしまったのかというと、国民が国を頼りすぎたから、そして、無能な人を代議士にしてしまって、彼らが自分たちの再選を狙って、野放図に借金を膨らませたからです。

すなわち、国民の民度が低いからこうなってしまったわけで、どこかでそれを清算しなければならないのです。それが財産税課税です。財産税課税による清算は、直接的または間接的に国民全員の痛みを伴いますが、元はといえば国民のせいなので、自業自得的に受け入れるしかないということになります。

私個人は、課税最低限よりもかなり多い金融資産を有していますので、財産税課税はとてもありがたくないのですが、後に述べるようにハイパーインフレよりはマシなので、受け入れざるを得ないと思っています。

財産税課税の準備を着々と進める政府

政府は、いけしゃあしゃあと財産税課税の準備を進めています。すでに証券口座はマイナンバーに紐づけされていますし、銀行口座もそうなるのは時間の問題でしょう。また、不動産には登記がありますから、国が国民の所有する不動産の情報を集約するのは可能なことです（ただし、居住用の不動産は課税の対象にはならないでしょう。それをやってしまうと、それこそ本当に暴動が起こりかねないからです）。

また、政府は２０２２年９月に入って、「マイナンバーカードの取得率を１００％にする」と言い出しています（2022年9月時点におけるマイナンバーカードの取得率は47％程度だと公表されています。実際には、取得率はもっと少ないと推察していますが）。

そして、10月には健康保険証をマイナンバーカードに一本化すると公表しました。すでに健康保険証をマイナンバーカードに一本化する仕組みはできていますが、そうするかどうかは、現在は任意です。それを強制化すれば、国民皆保険制度の下では、イヤでも全員が健康保険証としてマイナンバーカードを持たざるを得なくなります（ただ、岸田総理は最近になって、国会での野党からの追及に対して、「健康保険証は廃止するが、マイナンバーカードを持っていない人には新制度を作る」という、わけのわからないことを言い出して、迷走中です）。

そして、マイナンバーカードに財産関係の情報を集約することで、国民の財産を国家が一元的に管理できるようにしようとしているのです。それもすべては、財産税課税のための準備です。

また、2024年の上半期をメドとして行われる**「新紙幣発行」も、財産税課税のための準備です。**旧紙幣（福沢諭吉翁たち）をつかえなくすることによって、タンス預金をあぶり出すのです。

たとえば、２０２４年の４～６月を交換時期と定めて、その間に旧紙幣をいったん、すべて銀行預金に入金させます。そうしないと、新紙幣と交換できないようにするのです。こうすることで、各個人の銀行預金にタンス預金が全額入金されます。それを課税対象の預貯金額として把握するのです。

「インボイス制度」導入の真の狙いは消費税の増税

さらには、消費税の課税実務において、「インボイス方式」が採用されることが決まりましたね。これは「消費税の税率を多段階税率にするための準備」です。たとえば、贅沢品に対する消費税率を20％とか25％にするわけです。

消費税の税率を3段階以上にするには、課税実務上、インボイス方式を採用することが必須なのです。国税庁が今になって、「インボイス方式を採用する」と言い出したのは、それが目的であることは明白です。そうすることで、消費税の総税収を引き上げようと目論んでいるとしか考えられません。

贅沢品だけではありません。現在10％の標準税率も、どさくさ紛れに15％にするつもりでしょう。一方、それに併せて、生活必需品に対する消費税の税率は0％にするでしょう。これは、消費税の増税に関して大多数の国民の反感を買わないようにするための「隠れ蓑」です。そうすることによって、「逆進性」という消費税の最大の欠点を緩和できるからです。

生活必需品の税率を0％にすることは必須です。しかし、**標準税率を15％にしたり、最高税率を25％にしたりすることによって、消費税全体の課税額を増やそうとすることは明らか**です。

なぜこんなに「被害妄想的なこと」を申し上げるかというと、国家の債務が破滅的な規模に膨らんでおり、さらにコロナ支援の美名の下に、滅茶苦茶なバラマキをやってしまったことで、国家財政は破綻の危機にあるからです。

ですから、これは決して「被害妄想的なこと」ではなく、現状を踏まえた「論理的な帰結」なのです。

2-2 「財産税課税」にどう対処するか？

財産税課税に対処するための四つの方法

ここからは、財産税課税に対処する方法について述べます。

財産税課税に対処する方法としては、

①金融資産をあまりたくさんは持たない――コト消費のススメ

②なるべく金融資産以外のモノで財産を持つ――モノ消費のススメ

③居住用財産を持つ

④海外に財産を移す

ということが考えられます。

これらの①～③について、簡潔にコメントしていきます。④については、これを実践するのは一般的には難しいので、本書では詳述を割愛します。

私は1993年9月～1996年3月までイギリスに住んでいた経験がありますが、そうした海外在住経験を持っている私でも、海外に財産を移すのは現実的ではないと思っています。つまり、一般的にはほぼ無理なこと（机上の空論）でしょう。

金融資産をあまりたくさんは持たない――コト消費のススメ

財産税を課税されるのがイヤなら、免税点以上の金額の金融資産を持たないというのが一番明快な対処法です。「免税点」とは非課税になる金額のことです。「免税点」がいくらになるのかはわかりかねますが、相続税を参考にして考えると、「4000万～5000万円」くらいではないかと思います。

ですから、たとえば今、5000万円以上の金融資産を持っている場合には、どんどんつかってしまうのです。

ここで大事なことは、**「財産というのは、現金預金や金融資産だけではない」**ということです。経験という「コト消費」も、人生におけるかけがえのない財産です。そういった

「コト消費」に金融資産をつかっておけば、財産税課税を甘受せずに、豊かな人生を送ることができます。

「コト消費」というのは、

・旅行に行く
・旅先で高級なホテルに泊まる
・美味しいものを食べる（飲む）
・コンサートを鑑賞する

といったような「楽しい経験」をすることです。

「コト消費」は人生を充実させるために、極めて重要なことです。しかしながら、コト消費にお金をつかいまくって資産を一定額以下に抑えるという方針は、本書の大目標である「老後にまとまった資金を準備しておく」ということに、真っ向から反してしまいます。

そこで、以下のように考えるしかありません。

・現時点において、「免税点」を優に超える財産を持っている方は、ここに述べる①～③

のことにある程度配慮しつつも、財産税課税を受け入れるしかありません。

・現時点において、ちょうど「免税点」前後の財産を持っている方は、①〜③のことに意識的に取り組んで、２０２４〜２０２６年までには行われると予想される財産税課税の課税対象となる金融資産をなるべく持たないようにするのがよいでしょう。

・現時点において、金融資産の総額が「免税点」以下の方は、①〜③のことを意識しつつ、２０２４〜２０２６年までには行われると予想される財産税課税が終わってから、本格的に財産を形成していけば、課税の対象とはならずにすみます。

財産税課税は1回だけのものでしょうから、それが終わってから、本格的に財産を形成していけばいいのです。

さらにいえば、いくら資産を税金として持っていかれても、**「資産を築く能力」は誰にも奪われることはありません。**本書はその方法についても詳細に述べていきます。

なるべく金融資産以外のモノで財産を持つ――モノ消費のススメ

車やバイク、絵画や時計、骨董品などの趣味がある方は、そういったモノを買っておくと、よほど高額なモノでない限り、財産税課税の対象にはならないでしょう。

免税点を超える金融資産をお持ちの方は、超えた部分の金額で「ほしかったけど買わずに我慢していたモノ」を買ってしまうのも、財産税課税を回避する有効な対策になりそうです。

なお、財産税課税において、もしかして「免税点」が設けられなかった場合には、ここに述べた「金融資産をあまりたくさんは持たない――コト消費」「なるべく金融資産以外のモノで財産を持つ――モノ消費」という行動をとっておいても、節税的にはなりますが、課税免除にはなりません。ですから、「人生を楽しむ」という範囲で収めておくのが無難です。

居住用財産を持つ

あくまでも私の想定でしかありませんが、財産税課税が行われるとしても、居住用財産は課税の対象から外されるのではないかと思います。住んでいる家を追い出すような課税は、なかなかできないからです。相続税や所得税や固定資産税の課税においても、居住用財産への課税は極めて緩いものになっています。

この際、大きな財産をお持ちの方は、成人した家族には「一人一軒」の居住用財産に住まわせるようにするというのもいいかもしれません。

また、居住用財産を持つというのは、次に述べるハイパーインフレへの対策としても有効に機能します。

2-3 このままでは「ハイパーインフレ」は不可避

政府は10年以上前からハイパーインフレを狙っている？

本当に怖いのは、ハイパーインフレです。

前にも書きましたが、政府と日銀は強めのインフレを起こそうとしています。国家の債務を軽減または解消することを狙っているのです。国と地方の債務残高はおよそ１２００兆円で、２０２１年度の税収額はおよそ67兆円です。これは、手取り年収が６７０万円の人が1億２０００万円の借金をしている状態です。普通に考えたら、返せるわけがありません。

しかし、ハイパーインフレを起こせば、返せるようになります。

インフレになっても、借金の額面は変わりませんが、国家の収入である税収額は、インフレに呼応して大きく増額していきます。たとえば、１００倍のインフレになれば、税収は６７００兆円になるので、１２００兆円の借金なんて1年で返せてしまいます。政府と日銀が目論んでいることは、２０１３年から10年間、ずっとこれです。

現在60歳以上の方は実感があると思いますが、１９８０年代末の真性バブルが猛烈すぎて、その崩壊後にデフレが長引きました。それによって、日本人に根強くデフレマインドが浸透してしまったため、なかなかインフレが招来しませんでしたが、ここにきて世界的にもインフレが顕在化し、いよいよ日本も明白なインフレ基調に転換しました。

日銀は金利を上げられない

２０２２年の後半に入って、円安が加速し、ドル円相場が一時１５１円になりました。円安によって物価が上がり、円安の弊害が明らかになってきていますが、日銀は金利をマイナス金利といわれるような低い水準に放置したままです。その結果、金利を上げているアメリカをはじめとした諸外国との金利差が広がり、円安がさらに加速することになってしまっています。

なぜそういうことになってしまっているかというと、**日銀はもう、未来永劫**（えいごう）**にわたって金利を上げられない**からです。金利を上げれば日銀は債務超過になり、ハイパー円安とハイパーインフレが始まってしまうからです。政府は借金王なので、金利が上がれば国家財政ももちろん破綻してしまいます。

令和３年度末の日銀の貸借対照表を見ると、国債の保有高が５２６兆円あります。そして、純資産はたったの４・７兆円です。つまり、国債の時価がたったの１％下がるだけで、日銀は債務超過に陥ってしまうのです（日銀は簿価会計を採用しているようですが、ここでいっているのは実質的な意味での債務超過です）。

そして、国債の時価を決定づける要因は「金利（利率）」です。

たとえば国債Ａの価格が１００万円で、この国債の確定した利率が０・１％だとします。そうすると、年間の金利は税込みで１０００円です。市場の利率が変わっても、この国債Ａの確定した利率である０・１％は、償還時期まで固定されたままです。

そこで、市場の利率が１％に変わったらどうなるかといいますと、理論的には、国債Ａの価格は10分の１になってしまうのです。年間の金利である１０００円を１％で割り返すと、国債Aの価格は（1000円÷1%＝）10万円というわけです。

ただし、これは机上の空論であり、実際に10分の1になるわけではありませんが、日銀が債務超過に陥ると1%どころか、10%以上の価格下落が容易に発生してしまうでしょう。


日銀の貸借対照表から考えて、国債の時価がたったの1%下がるだけで実質的に債務超過に陥ってしまうのですから、国債の時価が10%も下がったら、日銀の信頼は一気に失墜します。

日銀の信頼が失墜するということは、その日銀が発行している「日本銀行券」である「日本円」の価値は無残に暴落してしまうのです。

これが、日銀が金利を上げられない一番の理由です。諸外国が一斉に利上げをして、円安になって、物価高になっても日銀が金利を上げられないのは、金利を上げてしまうと、自分で自分の首を絞めてしまうからに他ならないのです。

黒田総裁は任期満了（2023年4月）まで、なんとか逃げ切りたいと思っていることでしょう。そして、黒田総裁が任期を満了して退任したあとに、「利上げ派」が日銀総裁になったら、ハイパーインフレが始まってしまうかもしれません。

利払いだけで政府が破綻する?

国と地方の債務残高は1200兆円を超えています。それに対する利払い額はおよそ8兆円ほどです。現状の利率は（8兆円÷1200兆円＝）0・67%ということになります。

税収は67兆円しかないのに、2022年度の一般会計歳出総額だけで107兆円もあります。すでに40兆円の赤字です。このこと自体も大問題なのですが、ここでは利払いに焦点を当てます。

もしも利率が4ポイント上がって4・67%になったら、利払いだけで56兆円となってしまい、税収の84%が利払いという状況になります。これは事実上の経済破綻です。

このようなわけで、利率が上がると、日本の国家財政も破綻してしまうのです。

だから、インフレは放置される

以上のように、日銀にとっても、政府にとっても、金利を上げることは自分の首を絞めることになりますので、日本は金利を未来永劫、上げられないのです。それはつまり、**円安やインフレが放置される**ことを意味します。

そして、こういった日本の危機的な状況を世界から見透かされてしまったら、日本円と国債は暴落して、ハイパーインフレに突入していくことになるでしょう。

もしハイパーインフレのような事態に突入していった場合には、いくら円で多くの預貯金を持っていても、無力です。ですから「インフレ対抗力のある資産」に替えておく必要があります（「インフレ対抗力のある資産」とは何かについては、次の2－4で解説します）。

ハイパーインフレになると最初に困るのは、大多数の国民が食料を買えなくなることです。ハイパーインフレで物価が急上昇しても、1～2年遅れて賃金も上がるので、国民の購買力はいずれ元に戻ります。ただ、問題は物価の上昇に賃金の上昇が追いつくまでの間であり、その間は大混乱すると思います。

それよりも、一番怖いのは「治安の悪化」です。街に辻強盗がウヨウヨなんていうことになったら、「治安の良さ」という日本が世界に冠たる利点が消えてなくなってしまいます。

財産税課税だと、富裕層の財産が何割か没収され、景気が悪化します。

ハイパーインフレだと、庶民か富裕層かを問わず、インフレ対策をしていなかった人は極貧に陥ります。そして、ハイパーインフレが沈静化して賃金が物価に追いつくまでは、国民の経済生活は破壊され、治安が猛烈に悪化します。

だから、どちらのほうがマシかと考えれば、私なら財産税課税を選びます。私は財産税を課税される側にいますが、それでも、治安の悪化よりはマシだからです。

インフレとは結局「課税」と同じこと

なお、インフレというのは実は「課税」と同じことです。それはどういうことかを説明します。

インフレが起こると国民の購買力が下がる一方で、借金の実質価値は目減りします。日本で最大の借金王は「政府（＝国）」です。１２００兆円も借金している会社はないし、個人もいるわけがないですね。つまり、借金が実質目減りすることで最大の恩恵を受けるのは政府（＝国）なのです。

インフレとはつまり、国民の購買力が下がって、政府の借金が減るわけですから、国民から政府（＝国）に富が移転するということなのです。「国民から政府（＝国）への富の移転」は、「課税」と本質を一にするものです。このようなわけで、インフレというのは「課税」と同じなのです。

だとすれば、

・財産税の形で課税されるか

・インフレの形で課税されるか

というだけで、本質は同じ。それならば、治安の悪化を伴わない「財産税課税のほうがマシだ」というわけです。

2-4 ハイパーインフレを乗り切る方法

インフレ対抗力のある資産とは？

それでは、ハイパーインフレが襲来するとなった場合の対処法を考えていきます。

ハイパーインフレに対抗するには、**インフレ対抗力がある資産を持つことが重要です。**

そして、インフレ対抗力がある資産というのは、具体的には「株式・金地金・不動産・外貨及び外貨建て資産」です。それぞれについて簡潔に評価とコメントをします。

株式☆☆☆――短期的な下げは気にしなくていい

経済が混乱する時には株価はそれに先んじて急落します。しかし、インフレ時代においては、その急落時に慌てて売る必要はありません。その後に、インフレに呼応して株価は大きく上昇するからです。

インフレ対策の意味でも、日頃から割安株を買っておくといいでしょう。**日常的に株式投資をしていれば、「インフレに対抗」していることになります**。そういう意味でも株式投資を生活の一部にすることをオススメします。

株式投資については、本書の第4章で詳述します。

金地金☆☆――「保険」として持っておこう

金地金には明確なインフレ対抗力があります。 金価格はインフレに連動して上がっていくからです。

なお、「金地金には利息がつかないので、金利が高くなると金価格が下がる」と考えられています。そのため、アメリカの長期金利と逆相関することが多く、その意味でアメリカの長期金利が上昇している今、金の価格はこの先下がっていきそうなので買い時ではない、という主張もありますが、私はこの考え方に懐疑的です。というのも、確かに金地金には利息はつきませんが、その分、金価格がインフレに連動しますので、利息がついたのと同じことだからです。

そもそも利息というのは、その国の年率の経済成長に比例するものであり、それはインフレ率にも連動しているのです。ですから、インフレ率に連動して価格が上がっていく金地金には、本体価格に利息が反映されているのです。

確かに金地金には、預金や社債のように、外づけのクーポンのような形では利息はつきませんが、「本体の中に利息がついている」と私は考えています。

このようなわけで、インフレ時に金地金を購入するのはオススメなのですが、今（２０２２年12月）の時点では金価格がすでにだいぶ上がってしまっています。昨今、金価格は「１グラム８０００円台後半（消費税込み）」で推移しており、今から買おうとすると、なかなか手が出しづらいのは事実です。

ですが、もしハイパーインフレになれば、ケタが変わるような（１グラム８万円とか80万円といった）価格になるでしょうから、「今は、すでに高い」とは言っていられないかもしれません。ハイパーインフレ対策という意味では、今からでも少しだけは買っておくといいでしょう。

ウクライナの戦費調達のために、たぶんロシアは保有する金地金を少しずつ売っていることでしょう。ロシアは自分たちが金を売り終わったあとで、「金を放出した」といったようなフェイクニュースを流して、金価格を暴落させるかもしれません。暴落させて、（ロシアが）売った分を自分で安く買い戻すために、です。もしもそういうことがあったら、千載一遇の買い場になるでしょう。

この場合の金地金の購入は、決して金投資ではありません。値上がり期待で買うわけではないのです。あくまでもハイパーインフレ対策の「保険」です。

たとえば、金地金を1キロ買っておけば、ゆうに1～2年はそれで食いつなげます。

現在、1グラム8000円だとすると1キロで800万円ですから、1年間の生活費が400万円だとして、2年ほどの生活費としては十分だという計算になります。なお、インフレで円の価値が100分の1になり、1年間の生活費が額面で100倍の4億円になったとしても、その時には金の価格も8億円になっているはずですから、安心というわけです。

そして、1～2年もあれば、給与もインフレ率に追いついて100倍になっているはずです。問題は給与がインフレ率に追いついていない時期をどう食いつなぐかということであり、猛烈に高くなった金地金を売却することでその間を食いつなぐのです。

つまり、**金地金の購入は「ハイパーインフレ対策保険」**なのです。もし私の予想に反してハイパーインフレが起こらなかったら、金地金を購入しておいても意味がないかもしれませんし、いくらかの含み損や売却損が出るかもしれません。でもそれは「保険料だった」と思えば合理的です。

これは掛け捨ての生命保険と同じです。掛け捨ての生命保険は、満期までに死ななかったら保険料を損するわけですが、そのほうが安心できるから、掛け捨ての生命保険に入るわけです（金の価格がゼロになるわけではないので、あくまでも手放す時に生じた売却損の分だけが保険料となります）。ハイパーインフレが起こらず、金地金の購入で多少の損が出ても、そのほうがハイパーインフレ対策として金地金を購入せずにいるよりも幸福なのです。

不動産☆——投資としてはNGだが、インフレ対抗力は◯

マンションやアパートを一部屋単位、あるいはまるまる一棟ごと購入し、それを賃貸に出すことで安定的な収入を得るというわゆる「不動産投資」については、私は素人が手出しするものではないと考えています。特に借入で資金を賄いながら不動産投資をして、十分な利益を出せるのはその道のプロだけです。不動産投資は、手間や維持費がかかるわりに、たいして儲かりません。

しかし、不動産にはインフレ対抗力があるのも確かです。

そこでオススメしたいのが、「自宅不動産投資」です。自分が住む自宅を購入しておくのです。不動産投資とはいっても居住者は自分なので、家賃の取りっぱぐれがない「無リスクの不動産投資」というわけです。

「自宅は購入すべきか？　賃貸か？　どちらがお得か？」という議論は永遠のテーマであり、明確な答えは出ません。結局は、「どちらがいいかは、個々人のライフスタイルによる」ということになるのですが、今のような状況下では明確に、**「インフレ対策の一環として、賃貸ではなく購入」に軍配が上がります。インフレになると賃貸の場合の家賃も上がってしまいます。**ポイントは「インフレ対策」です。

１９９０年頃に不動産市場のバブルが崩壊するまで、戦後以来長年にわたって「土地神話」が現実のものとなっていたのも、１９９０年頃までは日本経済の根底にインフレがあったからです。そして、今の日本経済は明白なインフレ期に移行しており、さらにはハイパーインフレの懸念があるので、自宅を買っておくことが有益なのです。

ただし、**住宅ローンは「必ず固定金利で！」**というのをお忘れなく。強いインフレになると金利が暴騰しますので、変動金利で借りていると、住宅ローン破産にまっしぐらになりますから。

すでに変動金利で住宅ローンを組んでいる方は、固定金利に変えておかれることを強くオススメします。確かに変動金利のほうが、返済額が低くすむので魅力的ですが、今の時代は御法度です。

ちなみに自宅購入以外の不動産投資は、今はオススメできませんが、その理由として、原則的に不動産投資では変動金利しかつかえないということがあります。

自宅の購入は固定金利がつかえるので、いわば「金利変動のリスクがない不動産投資」でもあるのです。

外貨及び外貨建て資産☆――持っておくに越したことはない

「外貨」というと、外貨建て預金をイメージする人が多いですが、それだと財産税課税の対象になってしまうでしょう。それがイヤなら、「ドルかユーロの現金」を自宅に保管しておくしかないと思います。

ただし、ドルは基軸通貨の特権を活かして明らかに「刷りすぎ」なので、（2022年現在はドル高ですが）通貨としての価値はあまり高くないと思います。しかしながら、ハイパーインフレになってしまったら円の価値はないに等しくなるので、「それよりはマシ」という意味で、ドルかユーロの現金をいくらか持っておくのはいいでしょう。

ドルもユーロも、金地金と同様に今は高くなっているので、なかなか買いづらいのも事実です。2023年中には（1ドル＝100～120円といったくらいの）ドル安に回帰する局面もあるかもしれませんから、そうなった時が最後の買い場です。

また、「外貨建て資産」とは、外国製の車や貴金属や絵画などを想定しています。外貨預金や外貨建ての投資信託などは、やはり引き出せなくなるリスクがあります。

外国株も「外貨建て資産」ですから、インフレ対抗力はありますが、私は個人的に、日本株を得意としていますので、外国株は一切購入していません。外国株に詳しい方でない限り、外国株は買わなくても、日本株で十分だと思います。

ポートフォリオ（資産分散）の割合をどうするか？

インフレ対抗力のある資産として、ここでは「株式」「金地金」「不動産」「外貨及び外貨建て資産」をオススメしました。

これらのインフレ対抗力のある資産をどのくらいの割合で持つのがいいのか、といった指針については、人によってまちまちではありますが、「株式：金地金：不動産：外貨及び外貨建て資産」の比率として、「３：１：自宅：１」くらいの割合が適切だと私は考えています。

ここで「自宅」の部分は数字になっていませんが、すなわち、自宅という不動産を持った上で、金融資産を「株式：金地金：外貨及び外貨建て資産」に分散して、「３：１：１」

くらいの割合で持っておけばいいのではないかといった感じです。

なお、自宅という不動産については、固定金利であれば住宅ローンが付帯していてもいいと思います。そして、「現金・預金」は生活用資金として最小限の金額だけを持っているようにしたいところです。日本人は、預金の比率が大きすぎです。

また、株式について、「リスク資産を大きな割合で持つべきではない」という意見をよく耳にしますが、私が株式の割合を「3」にしたのは、「安全で安心な優良企業の株しか持たない」という大原則があるからです。詳しくは本書の第4章で述べます。


ここまで「近未来の不安」ということに焦点を当てて、財産税とインフレの課税に関して、その概要と対処法について簡潔に述べてきました。

不安を煽る意図はまったくないのですが、日本経済と日本の財政状態に関する現状を認識しておくことは、将来への準備の第一歩であると考えられるので、忌憚(きたん)なく私見を述べました。ご参考になれば幸いです。

2-5 「理想の老後」の詳細なプランニング

そもそも「老後」とはいつから？

この節では、老後の詳細なプランニングについて詳しく述べてまいりますが、そもそも「老後」は、いつから始まるのでしょうか。

「60歳から」「65歳から」「70歳から」「個人差があるので一概に言えない」「老後なんて、一生ない」というように、さまざまな見解があります。それぞれ、もっともな意見だと思いますが、本書では老後を「本業を辞めて、余生を暮らすモードに入った後の人生」と定義します。

なぜそういう定義をしたかといいますと、多くの人が抱く「老後の不安」は、仕事を辞めたことによって生じる問題がその原因になっていることが大半だからです。つまり、**老**

後のプランニングとはズバリ「本業を辞めた後の人生を、どうするか？」ということなのです。

理想的な老後の暮らし方

この定義によりますと、私は2021年3月末日に本業であった大学教授の職を辞して、余生を暮らしていますので、「老後の人生」を1年半ほどやってきているということになります。

しかしながら、「老後の人生」を生きているという感覚がまったくありません。なぜそうなのかと考えてみたところ、老後に特有な問題（＝本業を辞めたことによる問題）はほとんど起こっておらず、とても理想的な老後を暮らしているからだということに気づきました。

「老後に特有な問題」とは、主に、

・お金の問題――経済的不安
・居場所がない問題――帰属意識を持てないことによる不安

・やることがない問題――ヒマをもてあましてしまうという問題

です。これらのうちの最初の二つと、大前提となる「健康の問題」は個人差がありますので、ここでは一概には言えないのですが、お金の問題については本書の第4章に譲ることにします。

ここでは、三つ目の、

・やることがない問題――ヒマをもてあましてしまうという問題

について提言します。

「ヒマをもてあましてしまう」ことを、私は「ヒマだ病に罹患(りかん)する」と定義づけています。「ヒマすぎてイヤになる状態」は、軽い精神疾患だと思うからです。仕事がなくなると最初のうちは解放感に浸れるかもしれませんが、半年か1年もすると、多くの方が大なり小なり、「ヒマだ病」に罹患します。これは、実に深刻な問題なのです。

ここでは、その深刻な問題に対する対策（「ヒマだ病」対策）について論じますが、結論をひと言で言ってしまいます。

本業をやっている間に、「一生やることができる副業」を見つけてください。

これに尽きます。

「老後本」の対策を信じてはいけない

巷(ちまた)に溢れる「老後本」を私も山ほど読みました。老後対策として、

・ボランティアをする
・旅行をする
・読書やテレビ三昧

などが「あるある」ですが、私はどれもイマイチだと思います。なぜなら、どれも「飽きるから」です。

はっきり申しまして、マネタイズされていないもの（＝お金が絡んでいないもの）は、やり甲斐が少ないです。俗な言葉で言えば、**ちゃんと稼げることでないと、面白みも少ないし、責任感もないし、飽きやすい**のです。

マネタイズされていても、飽きる時は飽きますが、面白み（やり甲斐）や責任感は、マネタイズされていないものよりは大きいです。このことは、拝金主義とはまったく異なり

ます。世の中はお金がすべてでは決してありませんが、マネタイズされていないと、面白みややり甲斐も少ないですよというのは素直な実感です。

ですから、本業を辞めて、老後の隠居生活に入った後も、なんらかの仕事（＝マネタイズされたもの）を持っておくと、とても理想的な老後を過ごすことができると思うのです。

もちろん、この場合、「仕事」というのは「イヤじゃない仕事」でなければなりません。副業にしても同様です。マネタイズはされていなければなりませんが、「お金のためにイヤイヤ働く」ような仕事は、副業には向いていません。

本業は、大なり小なり「お金のためにイヤイヤ働く」という部分があったと思います。しかしながら、本業を辞めて老後になってまで、「お金のためにイヤイヤ働く仕事を続けて、どうするの⁉」というわけです。

遅くとも50代のうちに「副業」として「イヤじゃない仕事」を始めるのがベストでしょう。しかし、それ以降から始めても決して遅くはありません。

たとえば私は44歳から「株式投資に関するオンラインサロン」という副業を始めており、株式投資そのものは26歳からずっと続けています。ただ、60歳を過ぎてから、「株式投資のデイトレード」という新たな副業を始めたため、平日の朝9時から午後3時までは「ヒマだ病」に襲われずにすんでいます。これらのおかげで、本業の大学教授を辞めたあとも、「ヒマだ病対策」は、ほぼ完璧なのです。

こういった自分なりの「イヤじゃない副業」を皆さんもぜひとも見つけてください。それが一番効果的な「老後対策」です。

2-6

「年金」に頼ると、バカを見る

「老後に2000万円足りなくなる」をどう考えるか

２０１９年６月頃に騒がれた「老後２０００万円問題」を覚えてらっしゃいますでしょうか。それまでにも、「老後には１億円必要」とか、「老後のお金は年金だけで問題ない」とか、いろいろな説が飛び交っていましたが、政府の調査委員会が公式に「多くの家庭において、老後は年金だけでは足りず、２０００万円ほど不足する可能性が高い」という発表をしたことで、大いに物議をかもしました。

多くの人は、「老後は年金だけでは足りず、２０００万円も持っていないと生きていけないなんて、聞いてないよ～！　政府はどうしてくれるんだ～！」という反応でしたが、はっきり申しまして、このような意見は愚の骨頂です。老後のお金の問題は、自分で対処しなければならないに決まっているからです。**「年金だけで食べていく」ということ自体が夢物語なのです。**

さらにいえば、そもそも「老後にはお金がいくらいるのか」という問題意識そのものが間違いです。

本業を60歳で辞めるのか、もっと早く辞めるのか、逆に65歳まで働くのか、それは個人個人の問題です。お金の算段も各人各様ですし、就労環境もさまざまです。ですから、一概に「何歳で辞めましょう」とか、「老後の資金が○○万円（億円）貯まったら辞めましょう」とか言うことはできません。あまりにも「人それぞれ」だからです。

しかし、一つだけ共通して言えることがあります。

それは、本業を辞めたあとの**「老後も働こう！」**ということです。そしてそれは必ず、「イヤじゃない仕事」でなければなりません。

老後も「イヤじゃない仕事」をして暮らせば、「年金だけが頼り」というような「ショボくて心細い余生」を過ごさなくてすみます。

何より、老後に広がる膨大な時間（ヒマな時間）を有意義に過ごすには、「イヤじゃない仕事」を続けることしかないと心してください。

そうすれば、現役時代にも（少なくとも定年や辞め時を意識した時からは）、「一生続けられる『イヤじゃない副業』の準備をする」という問題意識を持って活動できると思うのです。

また、そういった意識が芽生えれば、現役時代にも、本業でもできるだけ「イヤじゃない仕事」をしようと心がけるようになります。それが大事なことです。

「年金破綻」はあるのか？

そもそも「年金は破綻する」と主張する人がいます。つまり、年金は１円ももらえない可能性があるということです。私も「年金に頼らない」ことを主張しているわけですが、「年金が破綻する」かというと、答えは「ＮＯ」だと思っています。以下、その理由について説明しましょう。

日本の年金制度というのは、残念ながら、「賦課方式」です。賦課方式というのは、税金と同じで、20歳から65歳までの現役世代の人からお金を集めて（国民年金の納付は、満60歳以降は任意）、それを年金受給者に配分するという方式です。

ここで「残念ながら」と書いたのは、年金制度というのは、本来は「賦課方式」ではなく、「積立方式」によるべきものだからです。

「賦課方式」――働き手から徴収して、年金受給者に配る方式で、税金みたいなもの
「積立方式」――自分の年金は、自分で積み立てる方式

よく耳にする「少子高齢化が進むと、制度の安定性が損なわれる」という懸念は、税金のようなものである賦課方式を最初に採用してしまったことが最大の原因なのです。

積立方式であれば、ちゃんと積み立てた人は、払い損にはなりません。自分で積み立てた分は自分に戻ってくるからです。また、積立方式のほうが制度としても安定するはずです。

「自分のことは、自分で面倒を見る」といった「当たり前のこと」すらできていないのが日本の年金制度なのです。

確かに、年金制度の導入当初に、その時点の受給者にも配分しなければならなかったとは思いますが、それならば、最初から「賦課方式と積立方式の併用方式」で制度を立案すべきでした。そして、賦課方式によって徴収する金額は、年々減額させていけばいいのです。年月の経過とともに、積立方式によって各人が積み立てていく金額が累積していくわけですから、賦課方式によって配分する必要のある金額は下がっていくからです。

現行のような年金制度が導入されたのは1961年4月からのようです。最初から賦課方式と積立方式の併用で制度をスタートしていれば、少なくとも20年前の2000年頃には賦課方式は消滅させることができて、積立方式に一本化できていたでしょう。

「国も年金も当てにしない」と決意する

しかしながら、年金は破綻はしませんが、積立金は枯渇するかもしれませんし、人口構成の動態的な動向を考慮すれば、支給額が減額になるのは間違いありません。簡潔に考えて、「年金を支払う人数が減って、受け取る人数が増える」わけですから、今後、支給額は減額にならざるを得ないのです。

「支給開始の時期が後倒しになる」というのも、生涯通算ベースで考えれば、支給額が減額になるということです。支給開始の時期は、すでに60歳から65歳に後倒しになっていますから、**今後も年金の支給開始の時期が後倒しになることは、まず間違いなく起こるでしょう。**

ですから、「年金は、あてにしない！」と決意するのです。

そして、今からでも遅くはないので、自分で「賦課方式と積立方式の併用方式」を導入するべきです。

自分で「賦課方式と積立方式の併用方式」を導入するというのは、すなわち、制度的な年金もきちんと支払い（この部分が賦課方式の部分）、それ以外に「自分年金」を創設して、積立方式で、自分で自分の年金基金を作っていくのです。この部分は「自分年金基金」です。積み立てたお金を株式投資で運用するのです。

そうしておかないと、年金制度は破綻しなくても支給額が少なすぎて、「イヤな仕事でもお金のために一生働かなければ生活していけない」といった事態に陥ります。

2-7

「運用能力」で、お金の不安は完全解消！

60代以降も働くのはマスト。ただ、それだけでは不十分

「老後の不安」において、常に1位と2位を争っているのが「健康の問題」と「お金の問題」です。ここでは「お金の問題」について簡潔に述べてみます。

前に財産税課税の話をした際に「いくら資産を税金として持っていかれても、『資産を築く能力』は誰にも奪われることはありません」と書きました。

では、この「資産を築く能力」とは、いったいどんなものでしょうか。

一つはもちろん、「働く能力」です。定年などで本業を辞めたあとも、定年後再雇用や転職、独立起業、あるいは副業などで「イヤじゃない仕事をする」ことができれば、定年

後も安定した収入が得られます。

しかし、定年後再雇用の賃金は、定年前より下がるのが普通ですし、起業もうまくいくとは限りません。また、「副業」による収入は十人十色で、月額5万円以下の人もいれば、100万円以上稼ぐ猛者もいます。月額5万円以下の人は、やはりそれだけでは心許ないですし、月額100万円以上稼ぐ猛者でも、身体を壊したりして働けなくなったあとのことも考えておかなければなりません。

そこで必須となるのが、株式投資による資産運用です。最近よく耳にするようになった「お金に働いてもらう」というやつです。

本当は40歳前後から株式投資を実践して、60歳になる頃には20年くらいの投資経験を積んでいてほしいところではありますが、どんな年齢でも、今から始めて遅いということはありません。

しかし、よく言われるように「投資経験がないのに、退職金を全額つかって投資」は絶対にダメです。最初は少額でいいのでコツコツ投資を繰り返し、運用能力を身につけていくのです。

この「運用能力」こそが、もう一つの「財産を築く能力」です。株式投資によって増えていく財産は、「お金」でもありますが、「経験値」でもあるのです。逆もまた真で、株式投資の経験を積んでいった証が、財産の金額なのです。

最終的には「運用能力」がモノを言う

詳しくは本書の第4章に書きますが、株式投資での運用利回りは、配当利回りで3％、キャピタルゲインで7％（いずれも税引き後）の10％を目標とします。

投資初心者の方のために説明しておきますと、配当とは株式を持っている人に対して、一定の期間ごとにその企業から支払われる金額のことを指します。通常、「1株当たり○○円」という形で提示され、多くの株を持っていればそれに比例して配当額は多くなります。

キャピタルゲインとは、株が購入時よりも高くなってから売ることにより得られる利益のことを指します。「株で儲ける」というと多くの人がイメージするのは、こちらかもしれません。

ともあれ、この二つで毎年10％の利益を得ることができれば、老後の運用資金総額が

5000万円なら年額500万円、1億円なら年額1000万円の運用益が見込めます。

これは、老後の経済的な安心という意味で、かなりデカいです。

そして、「本当に身についた運用能力」というのは（年によって浮き沈みはあるものの）決して失いませんし、比較的安定した成果が出せるものです。

たとえば、年金収入が手取りで月20万円あり、副業からの収入が手取りで月10万円あれば、それだけで月額30万円を確保できます。それに加えて、運用資金総額が3000万円あって、株式投資で（手取り）年率10％を達成できれば、年間で300万円、毎月にすると25万円の可処分所得が得られます。合計すると毎月55万円です。これで、かなりゆとりが持てますね。

さらにいえば、株式の価格はインフレとともに上昇しますので、インフレ対抗力もあります。強いインフレによって生活費が100倍になっても、株式投資から得られる収入も100倍になれば、十分ゆとりある生活が送れるのです。

まさに、この節のタイトル通りなのです。**老後のお金の不安は「運用能力」を身につければ、完全に解消されます！**

私は株式投資による運用ができるおかげで、老後のお金の不安は皆無です。株式投資をしていなかったら、平日は「ヒマだ病」に襲われるし、お金の安心は得られなかったと思います。でも今は、そんな老後はまったく考えられません。

「老後には株式投資はしてはいけない」とか、「株式投資をするとしても少額にしなさい」とかいうのは、完全に「前世紀の発想」です。21世紀は、その正反対です。「運用能力なくして、老後の安心なし」です。

老後資金は「1億円」ですら足りない!?

一方、**最も不安なのが「貯金を取り崩すだけの老後」です。**

たとえ5000万円の現金があっても、毎年300万円ずつ下ろしていったら満17年を迎える前に枯渇します。60歳の人なら76歳までしかもちません。1億円あったとしても34年弱、93歳で枯渇してしまいます。

しかも、現金や預金ではインフレには対抗できません。日本はこれまで、少なくとも1991年から2003年までの13年間はデフレ経済でしたが、それだけのデフレ期を含めてさえもバブル前の1986年（37年前）と比べたら、いろいろなものの値段は2倍くらいにはなっています。つまり、「1億円」が枯渇する34年後の300万円の購買力は、現在の2分の1かそれ以下になっている可能性が極めて高いのです。

ということは、貯金を取り崩すだけの老後なんて、「ジリ貧」でしかないのです。

「安定した老後」のシミュレーション

では、運用能力を身につけることで、どのような老後の設計ができるのか。本章の最後にシミュレーションをしてみましょう。

地味で平穏な生活を好む「ジミーさん」と、普通の生活で大満足な「ノーマルさん」、そして、老後も優雅で派手な生活を送りたい「ハデーさん」の三つのタイプです。

・ジミーさん
ジミーさんの場合、リタイア後の「満足する生活費」を「月額30万円」とします。少々多いと思われるかもしれませんが、普段の生活費に加え、住居の修繕費や介護費、その他にも突発的な出費も考慮に入れると、月額30万円でも地味なほうです。

ジミーさんは、65歳まで勤め上げ、収入は年金に移行します。年金は世帯で月額20万円。この時点で、退職金を合わせた金融資産が３０００万円ほどあるとします。

ただし、生活費30万円に対して年金は20万円ですから、あと10万円が不足します。そこで、この不足分を「運用」によって賄うのです。

ジミーさんの長期的に達成可能な運用能力は税引き後で「年３％」だとします。私が推奨する「年10％」に比べ、かなり控えめな値です。
①リタイア後の「満足する生活費」の月額：30万円
②運用利回りと受け取る利益の額：年率３％×３０００万円＝年90万円（月額７万５０００円）
③世帯が受け取れる年金の月額：20万円
収支：収入27万５０００円－支出30万円＝マイナス２万５０００円
ということで、目標額に月２万５０００円ほど足りないということになりますが、このくらいの金額なら運用以外の「副業」で賄えるでしょう。これでぴったり収支が合いました。財政赤字を垂れ流しっぱなしの日本政府にも見習ってほしいところです（笑）。

もちろん、運用能力を高める、あるいは定年時の資産額を上げることで、副業なしで収支を合わせることもできるでしょう。

ちなみにもし運用も副業もしていなければ、金融資産は25年で底をつきます。90歳の時点で「老後破産」です。

・ノーマルさん
「老後を青春時代にするために、もう少しお金をつかいたい」という方もいるでしょう。そういう方を「ノーマルさん」と呼び、ひと月の生活費を40万円とします。毎月、旅行などのちょっとした贅沢ができる金額ですね。

ノーマルさんが受け取れる年金の額は世帯で月額25万円で、退職金を合わせた金融資産が4500万円ほどあるとします。株式投資による運用をしていなければ、金融資産はやはり25年で底をつきます。90歳の時点で、ジミーさんと仲良く「老後破産」です。

ノーマルさんの運用能力は「年5％」とします。ジミーさんは地味な生活で満足しますので、運用利回りも低めに（3％で）設定しましたが、ノーマルさんはノーマルな水準として5%としました。すると、以下のような計算となります。

①リタイア後の「満足する生活費」の月額：40万円
②運用利回りと受け取る利益の額：年率5%×4500万円＝年225万円（月額約19万円）
③世帯が受け取れる年金の月額：25万円
収支：収入44万円－支出40万円＝プラス4万円

ノーマルさんの場合、副業をしなくてもめでたく財政収支はプラスです（日本政府よ、見ならえ！　笑）。

ただ、副業をしないと例の「ヒマだ病」に取りつかれてしまいます。なんらかの副業をして収入を増やせば、1年に一度はちょっと贅沢な海外旅行も楽しめることでしょう。

・ハデーさん
「定年後はとにかく派手に暮らしたい」という人を「ハデーさん」と呼ぶことにします。

満足する生活費は月70万円。

退職時の金融資産は1億円あり、運用も長年してきたので年7％の運用能力があるとします。おそらく現役時代の収入も高かったと思われるので、年金も少し多めの月30万円と仮定します。

①リタイア後の「満足する生活費」の月額：70万円
②運用利回りと受け取る利益の額：年率7％×1億円＝年700万円（月額約58万円）
③世帯が受け取れる年金の月額：30万円
収支：収入88万円－支出70万円＝プラス18万円

これまた、副業なしでも目標金額クリアです。むしろ毎月18万円、年間200万円以上のプラスが出ますから、かなり贅沢をしても資産は減らないことでしょう。

さらに副業からの収入も含めれば、資産は1億円からどんどん増えていくはずです。

新しいロールモデルのものすごさ

「運用」が、どれほどパワフルに老後の生活を支えてくれるか、おわかりいただけたでしょうか。皆さんも一度、「自分の老後の満足できる生活費」と「定年時の資産の見込み額」をベースに、シミュレーションをしてみることをオススメします。それによって、自分がどれだけの資産を貯めるべきか、また、どれくらいの資産運用能力を身につけるべきかが見えてきます。

まずは、どれだけの資産を形成すべきか、です。基本公式は、

{（①リタイア後の「満足する生活費」の月額－②世帯が受け取れる年金の月額）×12}
÷③長期的に達成可能な運用利回り

となります。

もし、リタイア後に満足できる生活費が月40万円（①）で、世帯が受け取れる年金の月額が25万円（②）で、あなたが長期的に達成可能な運用利回りが５％（③）だとしたら、

{（40①－25②）×12}÷５％③＝３６００万円

となり、老後までに３６００万円の資産を持っておくべき、となります。

あるいは、どのくらいの運用能力を身につけるべきかを知りたければ、

{（①リタイア後の「満足する生活費」の月額－②世帯が受け取れる年金の月額）×12}
÷④定年時の資産

で計算できます。
先ほどの例で、定年時の資産が2500万円（④）くらいになりそうだという場合、
｛（40①－25②）×12｝÷2500④＝0・072（7・2％）
となり、7％強の資産運用能力を身につけなくてはならない、ということになります。

なお、三つのタイプとも「インカムゲイン（配当所得）」と「キャピタルゲイン（譲渡益）」の合計で、3～7％の運用利回りを実現していますが、これを実現するノウハウについては、本書の第4章で解説します。

さてそれでは、60代を青春時代にするための方法論について、もっといえば、21世紀の日本を楽しく、かつ、安心して生きていくための「ロールモデル」について、次の第3章で述べていきます。

60代を青春時代にするための「3本の矢」

3-1

一の矢「イヤじゃない仕事」――一生、楽しく働くために

60代とは「人生最後の健康な10年」

この章では、「60代を青春時代にするための方法」について、主に仕事の面から考察していきたいと思います。いわば、21世紀の日本を楽しく、かつ、安心して生きていくための「ロールモデル」です。

ここでまず大前提となるのは「健康」です。なぜなら、60代を青春時代にするも何も、そもそも、健康で生活を楽しめなければお話にならないわけですから。

厚生労働省によると、「健康寿命」は令和元年時点で、男性が72・68歳、女性が75・38歳となっています。この「健康寿命」は「健康上の問題で日常生活が制限されることなく

生活できる期間」のことですが、これは年々延びてきています。ですから、令和5年であれば、端数切り上げか切り捨てで、男性が73歳、女性が76歳といったところでしょう。

このように考えると、**「60代」というのは、人生最後の「健康な10年」ということになります。**もちろん、個人差はありますが。

「健康オタク」になって、過度に健康のことを意識する必要はないと思いますが、せめて平均的な健康寿命までは健康でいられるように、日常生活であまりひどい不摂生はしないようにしたいものです。

人生で一番大事な要素は「時間」です。いや、人生で一番大事な要素は「命」なのですが、この「命」は「時間」で規定されています。寿命の単位は「年」であり、「年」というのは「時間」の単位です。

そして、この最も大切な時間ですが、この時間の質を決めるのは、第一に「健康」です。ですから、「健康」は「時間」と同じように、人生で一番大事な要素です。

命の次に大事なのは「お金」だという人もいると思います。もちろん、お金があれば高額な治療も受けられますから、部分的には健康をお金で買うこともできます。ただ、真の意味における健康がお金で買えないことは、かのスティーブ・ジョブズ氏（アップルの創業者）が命を賭けて立証してくれました。

一説には、ジョブズ氏は亡くなる直前には８７００億円もの個人資産があったといわれています。それだけの巨万の富（お金）があっても、56歳の若さで、膵臓癌で亡くなってしまったのですから、いかに「健康」がお金で買えないかがわかります。

以下、本書では「60代の10年間を健康に過ごす」ということを大前提にして、どのように生きていけば「60代を青春時代にする」ことができるかを考えていきます。

なぜ「イヤじゃない仕事」に就かなくてはならないのか？

前にもお話ししたように、「何もしない人生」なんてろくなもんじゃありません。だからこそ、60代は仕事を辞めて何もしないのではなく、仕事を続けることが大事なのですが、それが「イヤな仕事」であっては元も子もありません。

そして、だからこそ、**そもそも職業選択の際に「イヤじゃない仕事に就く」ということは、職業人生において非常に重要な概念です。**

もちろん、「イヤじゃない仕事に就く」どころか、「好きな仕事に就く」ことができれば、それが一番です。しかしながら、自分が「心から好きだ」と思える仕事に就いている人は、ほんのごく一部の人だけでしょう。「好きな仕事に就く」ことができた人は、ぜひその仕事を定年後も、さらには一生やり続けましょう。

しかしながら、ほとんどの人は「好きな仕事に就く」ことができていないというのが現実です。ですから、現実的には「イヤじゃない仕事に就く」ということが重要なのです。

「働かねば」という固定観念を捨てよう

おそらく今40代から60代くらいのほとんどの人は、「学校を卒業したら、就職をする」というのが当たり前の時代を生きてきたと思います。いや、それ以外の世代の方も含めて、ほとんどの人は「学校を卒業したら、働かなければならない。そうしなければ、食べていけないから」と考えていると思います。

しかし、それはあくまで「既成の固定観念」です。

確かに、私もいわゆる「ニート（NEET）」はマズイと思います。いつまでも親のすねをかじっていてはいけませんし、社会でなんらかの貢献をしないと、「人として、どうなの？」という感じになってしまいます。

ですから、所定の教育課程を修了したら、働き始めたほうがいいのは、確かにそうでしょう。

しかしこの「既成の固定観念」にとらわれすぎると、「働かなければならない」という「MUST（義務）」をベースに仕事選びをしてしまいます。そもそも、このスタート地点が間違いなのです。

「MUST（義務）」をベースにして働くのは、極論すれば「奴隷」です。

そもそも、仕事というのは「MUST（義務）」ではなく、「WANT（願望）」をベースにして選ぶべきものです。

素朴な原点に立ち返ってください。小さな子供に向かって「キミは将来何になりたいの？」とよく訊きますね。「WANT（願望）」をベースに訊いているのです。「キミは将来何にならなければならないの？」と、「MUST（義務）」をベースに訊く人はいませんね。笑っちゃいます。

なのに、なぜ大人になると、「ＷＡＮＴ（願望）」を捨て去ってしまって、「ＭＵＳＴ（義務）」をベースに仕事を選んでしまうのでしょうか。

はい、はい、「あるある」の声が聞こえてきます。「世の中は（現実は）、そんなに甘くはないんだよ」っていうやつです。

この「あるある」の意見に対して、私はこうお答えします。

「そうです。現実の世の中は、そんなに甘くはないので、『ＭＵＳＴ（義務）』をベースに仕事を選んじゃうと、『一生、奴隷』ですよ」と。

最初の仕事を「ＭＵＳＴ（義務）」で選んだ方も多いと思います。そういう人こそ、今度は「ＷＡＮＴ（願望）」で仕事を見つめ直してみる必要があると思うのです。

さりとて、「好きな仕事」に就くのは難しい……

とはいえ、「好きな仕事」というのはなかなかないでしょうし、もしあっても、それにはなかなか就けない。これこそ「現実の世の中」というやつです。

さらにいえば、「やりたいことが特に見つからない」という人も多いことでしょう。特に仕事以外の人生が充実している人は、「仕事は、ある程度稼げればいい」という人もいるのではないかと思います。

そこで活躍するキラーコンテンツが**「イヤじゃない仕事」**という概念です。

仕事というのは、究極的には次の三つに分類できると思うのです。

①好きな仕事
②イヤじゃない仕事
③イヤな仕事

もちろん、「少し好き」とか「少しイヤ」というのもあるのですが、そういうのを含めて、大きく三つに分類すると、これらの三つになると思うのです。

これらについて、少し掘り下げてコメントします。

好きな仕事は一生辞めてはならない

大前提として、「好きな仕事」に就いているというのが最も望ましいことです。好きな仕事に就いていることのメリットはいくらでもありそうですが、主なものを挙げると、次のような感じです。

・本人が幸せ
・死ぬまで続けられそうなので、老後のお金の心配をする必要がない
・好きなことをしていれば、きっと仕事の質も高いので、通常は収益性が高い

今、好きな仕事に就いている人は、定年が来ようが一生辞めないほうがいいです。人生において、好きな仕事に就いていることほど幸せなことはないからです。

イヤじゃない仕事とは？――大事なのは「バランス」

「イヤじゃない仕事」というのは重要な概念なので、少し詳しく書いてみます。

「イヤじゃない仕事」というのは、文字通りのことを意図しています。その仕事は「イヤじゃない」のですが、「好きでもない」のです。

「この程度の仕事をするだけで、このくらいの給料がもらえるなら、イヤじゃないよ」という感じの仕事であれば、それも「イヤじゃない仕事」です。

そして、仕事というのは、ほとんどの場合において、「プラスの面」と「マイナスの面」の両方を持っています。プラスの面だけの仕事があるなら、それは「大好きな仕事」ですし、マイナスの面だけの仕事なんて、速攻で辞めているはずです。

サザンオールスターズの桑田佳祐氏は、音楽の仕事が大好きで、それをなさっているのだと思いますが、それでも時には「今日は身体が辛いから、今日のコンサートは、やりたくないな」と思う日だって、きっとあるはずです。ですから、100％が「プラスの面」だけの仕事なんていうものは、ないと思うのです。

このようなわけで、ほとんど、いやすべての仕事には「マイナスの面（イヤな面）」がつきものです。

そこで重要なのは、プラスの面とマイナスの面の「バランス」です。

「イヤじゃない仕事」とは、プラスの面とマイナスの面のバランスを考えた時に、差し引きでプラスが残る仕事です。

プラスとマイナス、両面から考えてみると

このことについて、大学の教授をしていた時に私が個人的に考えていた、大学教授の仕事に関する「プラスの面」と「マイナスの面」をここに列挙してみます。

・「プラスの面」
①　社会的なステータスが高い
②　給与が比較的高い
③　社会保障が充実している
④　休みの日や自由な時間が、ものすごく多い
⑤　学生さんと友達感覚で楽しめる
⑥　仕事にやり甲斐を感じる時もある

これらの要素が高次元で達成されていたので、大学教授の仕事は、かなりお気に入りの仕事でした。

一方で、「マイナスの面」もありました。

・「マイナスの面」
①　必修科目の講義は、やりたくなかった

②　著書や論文を書くといった、いわゆる研究活動を「しっかりやらないとダメですよ！」という暗黙のプレッシャーがあり、それが鬱陶しかった

③　私は東京と名古屋の2拠点生活をしており、そんな中で、勤務日には「必ず東京に行かなければならない」ことが精神的にプレッシャーとなっていった

④　会議と入試の監督や面接の仕事がやりたくなかった

⑤　少ないながらも、時間的な拘束があったのがイヤだった

⑥　ご多分に漏れず、仕事に飽きていた

皆さんもぜひ、**自分の今の仕事について、このように「プラスとマイナス」で分析してみてはいかがでしょうか。**あるいは、転職や独立起業、定年後再就職の仕事を選ぼうとする際にも、この視点で「本当にその仕事を選んでいいのか」を、考えてみてください。

そして、その場合にはこのように、「プラスの面」と「マイナスの面」を挙げてみて、100点満点方式で数値化してみてください。

「100点満点」で今の仕事を評価してみる

ただ、数値化といっても、「感覚的な数値で決めていい」と思います。

まず、プラスの面を挙げてみて、それらを合計した評定を１００点満点のポイント方式で採点するのです。今の仕事（または転職先の仕事）にプラスの面がたくさんあって、「大満足」であれば、「１００ポイント」ですし、「まぁまぁ満足」なら「80ポイント」といったように。

この時に間違えてはいけないのは、プラスの面を評定する時には「プラスの面だけ」を考えて評定しなければならないということです。すなわち、「今の仕事には、かなり満足しているけど、辛い面もあるから60点かな」というような評定をしてはならないということです。「辛い面＝マイナスの面」は、あとから独立して評定しますので、ここでは「プラスの面だけ」を考えて評定しなければならない、というわけです。

そして次に、今の仕事（または転職先の仕事）のマイナスの面を挙げてみて、それらを合計した評定を「マイナス100点満点」で採点するのです。マイナスの面がたくさんあって、「完全に不満」であれば、「マイナス100ポイント」です。「完全に不満」であっても、「0ポイント」という評定ではなく、「マイナス100ポイント」です。あとから「プラスの面」の評定と通算するために、マイナスの面も「マイナス100点満点」で評定するのです。

そして、プラスの面とマイナスの面の評定を通算します。差し引きがプラスであれば、それは「イヤじゃない仕事」です。差し引きがマイナスなら、それは「イヤな仕事」です。

私の場合、有名大学の、しかも文系の大学教授の就労条件は破格に恵まれていたため、55歳くらいまでは、プラスの面が100ポイントで、マイナスの面はマイナス30ポイントくらいでした。差し引きがプラス70ポイントで、かなりお気に入りの仕事でした。

しかし、辞める2年前くらい（58歳前後）になると、プラスの面がどんどん減っていき、マイナスの面がどんどん膨張してきました。

「イヤじゃない仕事」が「イヤな仕事」になる時

ここで述べた「仕事に関するプラスの面とマイナスの面」というのは、時間とともに変化します。配属が変わってイヤな仕事に就かされたり、給与が下がったり、というのは最もわかりやすい例です。

また、そういった外的な環境要因が変わらなくても、「自分の感覚（感性）」が時間とともに変わっていくこともあります。

「仕事は、イヤだろうとそうではなかろうと、やらなきゃいけないものだから、そんな『自分の感覚（感性）』なんて考えても仕方がない」と考えてしまうのは、単なる「思考停止」でしかありません。あえてキツい言葉で言えば、そんなふうに考える人は「思考が停止した奴隷」でしかありません。

「今の仕事はイヤじゃないか？」
「今の自分にとって、イヤじゃない仕事はなんだろうか？」

ということは、少なくとも1年に一度か二度は考えてみる必要があります。

ここでも、私の例で説明します。私が55歳くらいまでは、差し引きがプラス70ポイントもあり、イヤじゃなかった仕事が、58歳の時点でイヤになっていった変化について詳しく述べてみます。

仕事が好きな理由がずっと続くとは限らない

まずは「プラスの面」です。

① 社会的なステータスが高い
この点は変化しませんでした。

② 給与が比較的高い
これについては語れば長く、一つの章になるくらいなのですが、簡潔にまとめてみます。

保有する金融資産の額が一定以上のまとまった金額になって、運用益も安定的に獲得できるようになり、かつ、副業からの所得も安定していると、「本業の給与が比較的高いこと」は、あまり意味をなさなくなります。

もちろん、欲張りな人・ファイナンシャルインテリジェンスの水準が高くない人・老後のお金の不安に絡め取られている人は、「お金は、いくらあっても邪魔にはならない」という、「あるある」の錯覚に陥ってしまい、「比較的高い給与」をなかなか手放せないことも多いと思いますが、それは明らかに適正ではありません。お金より時間のほうが限られているからです。

なお、「お金は、いくらあっても邪魔にはならない」というのは、あくまでも錯覚です。現金で保有していない限り、確かに物理的には邪魔にはなりませんが、ある程度以上を確保してしまえば、追い求める必要もなくなりますし、あまりありすぎても、管理が邪魔くさくなりそうです。

このようなわけで、残り時間（健康寿命）が少なくなった**人生の終盤においては、お金の価値が、「残り少なくなってきた時間」の価値に負ける**のです。ですから、「比較的高い給与」というプラスの面は、その価値が減退します。

③　社会保障が充実している

このことは、突き詰めてしまえば、「お金のこと」でしかありません。ですから、本質的には②の「給与が比較的高い」と同じことです。

④　休みの日や自由な時間が、ものすごく多い

これも、「給与をもらって働いているわりには、休みの日や自由な時間が多い」というだけであって、経済的な自由を得て、仕事を辞めてしまえば、それが一番「休みの日や自由な時間が多い」わけです。

ですから、人生の残り時間が少なくなってくると、「休みの日や自由な時間が、ものすごく多い」ということの価値も、「辞めて、時間的に完全に自由になる」ことの価値にはかなわないことを実感するようになります。

極端な話をしてしまえば、週に1日か2日だけの勤務だとしても、それが「義務的な色彩が強くて、不本意なもの」であれば、「ないほうがいいに決まっている」というわけです。

⑤　学生さんと友達感覚で楽しめる

これは、自分が若い頃は、とても大きな魅力でした。私が東北大学に勤務していた時の年齢は36～42歳でした。その頃は、自分の気分は「学生さんの兄貴分」みたいな感じでしたので、本当に楽しかったです。青山学院大学に移籍してからも、最初の２～３年、つまり45歳くらいまでは、学生さんと友達感覚で楽しめました。

ですが、さすがに年齢が学部の学生さんのダブルカウントを超えてきますと、友達感覚という感じにはなれなくなり、この魅力も徐々に減退していき、最後の頃にはゼロに収束していきました。

⑥　仕事にやり甲斐を感じる時もある

私の場合、これはあくまでも「時もある」でしかなかったので、最初から魅力としては小さかったですし、15年以上も同じ職場にいると、これも、最後の頃にはほぼゼロに収束していきました。

私の個人的な感覚の話は、あくまでも「参考程度」でいいのですが、大事なことは、**仕**

事の「プラスの面」というのは、「時間とともに変化していく」ということです。

私の場合は、時間の経過とともに、「プラスの面」の価値は如実に低減していきました。55歳くらいまでは、「プラスの面」が100ポイントだったのが、どんどん減って、辞める2年前くらいには50ポイントを割った感じがしていました。

年齢を経るごとに「マイナスの面」も強化される

さて次に、「マイナスの面」についてです。

① 必修科目の講義は、やりたくなかった
私が青山学院大学の大学院で担当していた講義は、必修科目・選択科目・演習科目でした。演習科目というのは、いわゆる「ゼミ」で、少人数制の選択科目です。

半期で5コマ担当するうちの2コマが必修科目で、これがイヤで仕方なかったのです。

これは必修の基礎科目のため、誰がやっても同じような教科書的な講義をしなければならず、それがつまらなかったのと、必修なので「仕方なく受講している人」もいて、講義の雰囲気もイマイチでした。

このように、仕事の中には、「この部分の仕事はイヤじゃないが、こっちの部分の仕事はイヤだ」というようなことが必ずといっていいほど、あります。皆さんのお仕事の中にも、こういった「イヤじゃない部分と、イヤな部分の混在」は、きっとあることでしょう。

しかしながら、誠に残念なことに、「イヤな部分だけ」をそぎ落とすことはなかなか困難なものです（私の場合も、必修科目だけを誰かに代わってほしくて仕方がなかったのですが、それは規則上、不可能でした）。

② 著書や論文を書くといった、いわゆる研究活動を「しっかりやらないとダメですよ！」という暗黙のプレッシャーがあり、それが鬱陶しかった

著書や論文を書くというのは、大学教員に固有の仕事のようですが、平たく言えば、「ノルマ」ですね。大学教員の場合、著書または論文を「少なくとも1年に1本は書く」というのが、暗黙の、または明示的な「ノルマ」です。

私は、東北大学時代は論文を1年に2～3本は書きましたし、イギリスの大学に提出し

た博士論文も書きました。私の博士論文は、A4用紙にダブルスペースで400ページ以上ある大部なものです。

また、青山学院大学に移籍してからは、論文執筆よりも、著書の執筆に力を入れました。株式投資に関する著作を1年に1冊は書くようにしてきました。ですから、「ノルマ」は、きちんと守ってきました。

しかし、ハッキリ言って、「ノルマ」はウザかったです。

もっとも、著書の執筆はノルマというより「自由意思」でやってきているので、今でも続けています。同じことでも、ノルマでやるのと自由意思でやるのとでは、気分的に天と地の差があります。そもそも、「良い仕事」というのは、ノルマでやるものではないのです。

③ 東京と名古屋の2拠点生活をしており、そんな中で、「必ず東京に行かなければならない」ことが精神的にプレッシャーとなっていた

仕事の拠点である東京（青山）と生活の拠点である名古屋との移動がなかなか大変でしたし、絶対に休めないのも辛かったです。かなりのプレッシャーとしてのしかかっていま

した。

なお、東京に定住するのは、もっとイヤでした。青山学院大学に勤務していた17年間のうちの4年間は東京に定住していましたが、個人的に、あまり東京が好きになれず、東京に住むより、生まれ育った名古屋のほうが断然住みやすいと感じていました。

このマイナス面も、やはり年度を重ねるごとに少しずつ大きくなっていきました。

④　会議と入試の監督や面接の仕事がやりたくなかった

これは単なる仕事への不満です。大なり小なり、誰にでもあることです。

しかし、齢（よわい）六十を重ねますと、「もう、誰かの指示で動きたくない」という気持ちが強くなります。もちろん、「贅沢を言うな！」という話です。しかしながら、偽らざる真実の気持ちとして、**「自分に残された時間は限られてきた。やりたくない仕事をしているほどの余裕はないのだ」という考えがハッキリとしてくるのもまた「齢六十ならでは」**なのだと思います。

⑤　少ないながらも、時間的な拘束があったのがイヤだった

これは前の④と共通するのですが、「自分に残された時間は限られてきた」という思いが強くなると、たとえ少ない時間でも、時間的な拘束があることがイヤになります。ですから、還暦を目前にすると、この「マイナス面」が急激に膨張します。

⑥ ご多分に漏れず、仕事に飽きていた

これは、皆さんも大なり小なり必ずや持っている気持ちでしょう。もちろん、大好きで仕方がないというような仕事をなさっている方には無縁のことですが、仕事なんていうものは、どんなに最初は面白かったとしても、3年もすれば大なり小なり、飽きます。日本人は勤勉で真面目な人が多いので、「仕事に飽きたなんて思ったらダメだ」という気持ちが強いだろうと思いますが、正直に言ってしまえば、誰だって仕事には大なり小なり、飽きているはずです。

この「仕事に飽きた」というマイナス面の気持ちも、歳を重ねるごとに大きくなっていきました。

比べてみて「どちらが大きいか」

以上のようなわけで、還暦を目前にすると仕事のマイナス面は急激に膨張します。マイナス面についても、私の個人的な感覚の話はあくまでも「参考程度」でいいのですが、**大事なことは、仕事の「プラスの面」と同様に、「マイナスの面」についても、「時間とともに変化していく」ということ**です。

人間はいくつまで生きるのかはわかりません。「人生100年時代」という言葉を、うんざりするほど耳にするようになりましたが、たとえいくつまで生きたとしても、「QOL（Quality of Life：人生の質）が高い」のは、「男性はせいぜい73歳まで、女性は76歳まで」だと思います。「健康寿命」というやつです。

ですから、還暦を過ぎると、「QOLが高い人生」の残りは、「10年とちょっと」しかないのです。還暦を目前にすると、そういう思いが俄然強くなるため、仕事をしていることのマイナス面が急激に膨張します。

このように、**「イヤじゃない仕事」でも、歳を取ると「イヤな仕事」になってしまうことがある**のです。このことはぜひ、頭に入れておいてください。

「イヤな仕事」――「食べるためには我慢すべき」は本当か？

「イヤな仕事」というのは、先ほど述べたようにプラスの面とマイナスの面のバランスが崩れていて、「通算するとマイナス」の仕事です。最も典型的なのは、プラスの面は「お金（給与をもらえること）だけ」で、50ポイントくらいしかなく、マイナスの面がヤマほどあって、マイナス100ポイントくらいあり、通算するとマイナス50になってしまうような仕事が、「イヤな仕事」です。

しかしながら、ここで問題になるのが、「生きていくためにはお金が必要だ」という「例のヤツ」です。

仕事がいくらイヤでも、食べていくためには、この仕事をやっていくしかない、というわけです。そういう人は、かなりたくさんいるのではないでしょうか。

そうすると、いきおい、頭をもたげてくるのが「ＦＩＲＥ」信仰です。

「ＦＩＲＥ」（ファイア）については、たくさん本も出ていますし、昨今の若い人の間では人気のようなので、ご存じの方も多いと思いますが、「Financial Independence : Retire Early（経済的に独立して、早期退職する）」という生き方です。

「できるだけ早く、まとまったお金を貯めて、それから得られる収入で生活できるようにして、イヤな仕事を辞めたい！」という思考です。最近では若者だけでなく、仕事にうんざりしている中高年の人の間でも人気が出ているようです。

しかし、ちょっと待ってください。「ＦＩＲＥ」を信仰する人は、「仕事なんてどれも同じ。みんなイヤなものなのだ」という前提に立ってしまっていませんか。

確かに、自分の大好きな仕事に就いていられる人なんていうのは、ほんの一握りです。それに、前述のように「イヤじゃない仕事」にも、いくらかは「イヤな部分」も必ずあるでしょう。

しかし、「仕事なんてどれも同じで、みんなイヤなものなのだから、できるだけ早く辞めて、遊んで暮らしたい」というのは早計です。イヤな仕事を、よほど我慢しすぎていて、それから解放されたくて仕方がなくなっているだけです。

「とにかく我慢して定年まで勤め上げ、退職金を運用して一生働かずに暮らす」「早期退職でまとまったお金を得て、それを元手に運用して暮らす」という発想もダメダメです。前述したように、仕事のない人生なんて退屈なだけです。それに、退職してから急に「まとまったお金で運用しよう」などという発想は、多くの場合、失敗します。失敗しないためには、まとまったお金を受け取るずっと前から、自分のお金で運用のスキルを身につけておくことが優先的な課題です。

もちろん、「資産運用」は重要です。ただ、今の仕事がイヤでイヤで仕方がない人は、資産運用と同時に、「イヤじゃない仕事」を探す努力をしてみてはいかがでしょうか。

仕事にはいろいろなものがあり、いろいろな職場があって、探せばきっと「イヤじゃない仕事」を見つけることができます。または、自分に与えられた仕事に、多少のやり甲斐を見出して、その仕事を「イヤじゃない仕事」だと考えるようにする、というのも一手です。

このようにして「イヤじゃない仕事」を探し出すことは、60代を青春時代にするに当たって、決定的に重要なことです。

3-2 イヤじゃない仕事の見つけ方

人生、逃げたい時には逃げていい

ここまでさんざん、「イヤな仕事に就いてはいけない」ということをお伝えしてきました。しかし、これが意外と無視されてしまうのです。

なぜなら、みんなこう思っているからです。

「みんな働いて、生活していかなければならないんだから、イヤでもなんでも、仕方ないでしょ！『イヤだ』なんて言っていられないでしょ」というやつです。

「仕事なんてそもそもイヤなものだから、どれでも一緒だよ」という声もよく聞きます。

でも、本当にそうでしょうか。そのメンタルのまま一生過ごすことは、果たして幸せなことなのでしょうか。

そこで、ぜひご紹介したい考え方があります。それは、**「イヤなものからは逃げていい。しかし、代わりにどこかでリスクを取る」**という考え方です。

ここでもまず、私の経験をお話しします。

私が、大学卒業があと1年に迫った大学3年生の終わり頃に考えていたのは、「働くのはイヤだ」ということでした。でも、ニートやフリーターになるのもイヤでした（当時は「ニート・フリーター」という言葉はありませんでした。確か「プー太郎」という言葉が、それに該当したと思います）。

そこで苦肉の策で出てきたのが、「大学院進学」でした。働くことから「逃げた」のです。

しかし、そこには立ちはだかる壁もありました。大学院に進学するためには、大学院入試の受験勉強（専門科目2科目と英語とドイツ語！）をしなければならないですし、合格したあとも、勉強をしなければなりません。

そこで考えたのが、就職と勉強で、どちらが「イヤじゃないか」でした。そして私の場合、就職するくらいなら勉強するほうが「イヤじゃないな」と思ったというわけです。

リスクを取ってでも、イヤじゃないほうにいくべき

当時、私は「Worse or worst, which is relatively better?」（「あまり良くない」と「最悪」、比較的マシなのは、どっち？）と考えました。私の場合、「勉強すること」がWorse（あまり良くない）で、「就職すること」がWorst（最悪）だったのです。

繰り返しになりますが、Best（最高）やBetter（わりと良い感じ）の仕事があればそれに越したことはないのですが、そういうものが見つからなくても、relatively better（比較的マシ）なWorse（あまり良くない）でも、それが見つかれば、そっちに進めばいいのです。

Worseは、訳すと「あまり良くない」となりますが、そこには「イヤじゃない」という要素も入っているはずです。「イヤじゃない」を直訳すると、Not so badですが、これは意訳すると「いいね！」になるのです。

ここで何を言いたいのかというと、「イヤなことからは逃げろ」、そして「その代わり、

適切なリスクは取りましょう」ということです。私の場合、「仕事に就く」ことから逃げるために、「勉強をする」というリスクと「教授になれるかどうかはわからないぞ」というリスクを取ったわけです。

もし、皆さんが今就いている仕事がどう考えても「イヤな仕事」であり、どうやってもそれを「イヤじゃない仕事」にできないと思うのなら、そこから逃げてしまえばいいのです。

それはもちろん、「リスク」を伴います。しかし、**「リスクなんて取りたくない」から「イヤなことをしぶしぶやる」という人生は、果たして楽しい人生でしょうか。**特に、中高年の方は、人生の残り時間も少なくなる中、そんなことに時間を費やしていいものでしょうか。ぜひ、考え直してみていただきたいのです。

そのリスクには「筋道」が通っているか？

ただし、そのリスクは必ず「適切なリスク」でないといけません。

「適切なリスク」というのは、「無謀なリスク」の反意語の位置づけとなる言葉として用いました。「無謀なリスク」はどんな年齢の方でも取るべきではありませんが、特にある程度の年齢を重ねた人は、絶対に取るべきではありません。

「適切なリスク」というのは「筋道の通ったリスク」と言い換えることも可能です。私の場合でいうと、今から35年前の時代に、文系で大学院に進学することは「リスク」そのものでした。しかし、それは「筋道の通ったリスク」でした。すなわち、当時はほとんど誰も行かない文系の大学院に進んでしまうのは確かにリスクでしたが、卒業後には大学の教員になるとか、税理士の資格を取るとか、おそまきながらですが在学中に公務員試験を受けるといった「筋道」は通っていたのです。

それに対して、きちんとした事業計画もないのにいきなり起業しようとしたり、ただ好きだからというだけでミュージシャンを目指したり、ラーメン屋さんを始めたり。そういったものが「筋道が通っていないリスク」です。

先ほど挙げた「退職金を全額投資して大儲け」などもまさに「筋道の通っていないリスク」です。それまでに投資でかなり良好な成果を出し続けてきたというのならいざ知らず、そうでない人がいきなり投資で儲けようとするのは明らかに筋道が通っていません。

つまり、

「適切にリスクを取る」──→良い人生に向かう
「リスクを取らない」──→平凡な人生に向かう
「無謀なリスクを取る」──→ドツボな人生に向かう

ということです。

適切なリスクを取る人生は、意外と楽しい

ただし、適切とはいえリスクである以上、そのリスクを発現させないようにするために努力をする必要があるのは言うまでもありません。

しかし、自分の目指す人生に向かって努力をするというのは、やってみると意外と楽しいことです。

私はイギリス時代に痛感したことがあります。それは、「世の中は甘くない」ということです。ただ、それはよく言われている、「世の中は甘くない。厳しいのだ！」ということとは違います。

「世の中は、死にものぐるいで努力をしている人材を見落とすほど甘くはない」という意

味で「世の中は甘くない」と痛感しました。「死にものぐるいで努力をしている人材」というのは、「なんらかの貴重な価値」を持っています。世の中は厳しくて、甘くはないので、そういった「なんらかの貴重な価値を持っている人材」を見落とすほど甘くはないのです。

ですから、ひとたびリスクを取って、自分の夢や目標に向かって努力をし始めたら、死にものぐるいで努力をしてください。そうすれば、「世の中は甘くない」ので、その努力は必ずや実を結びます。

イヤな道からは逃げていいのです。でも、逃げるのは決して楽ではありません。逃げた先には「死にものぐるいで頑張る道」しかないからです。でもそれは、とても楽しい人生です。

ちなみに、逃げて、その先で何もしない人は、単なる「落伍者」です。

つまり、次のようにまとめられます。

「逃げない人生」──→イヤな仕事に甘んじるので、苦しい人生
「逃げる人生」──→死にものぐるいで頑張るのは苦しいけど、楽しい人生になる

「逃げるだけの人生」→「落伍者」なので、苦しい人生

かつての仕事選びの常識を捨て去ろう

私は今、人生の岐路を迎えている定年前後の人にぜひ、次のことをお伝えしたいと思うのです。それは、**「今までイヤな仕事で苦しい人生を送ってきたならば、せめて60代の10年は、『苦しいかもしれないけど、楽しい人生』を送ってみませんか」**ということです。

今の仕事から逃げた先が「転職」や「再就職」ということもあるでしょう。その際に考えていただきたいのは、「どんな会社に就職するか」ではなく、「どんな生き方をしたいか」であり、「最終的にどうなりたいのか。そのための一歩として、自分はどんな道を選択するのか」です。

・大企業や一流企業かどうか
・給料が高いかどうか
・勤務地が地元に近いかどうか（または、都会かどうか）

・福利厚生が充実しているかどうか

これらはかつて、就職先を選ぶ際の重要な要素と言われたものですが、それは「自分の望む生き方」とはあまり関係のない話です。「自分はどうなりたいのか」「イヤじゃない仕事は何か」について、もっと真剣に考えてみましょう。

今、40代の人へ――「マイナーチェンジ」でイヤじゃないほうへ

さて、ここからは具体的に、年代別に「イヤじゃない仕事」に就くためのアドバイスをしてまいりたいと思います。

『論語』の「四十にして不惑（まどわず）」という言葉は、よく知られています。「人生、40年も過ごしてきたら、もう惑わず」ということなのですが、私自身は40歳になった時には「不惑」というにはほど遠く、まったく腹が据（す）わっていませんでした。

しかし、今にして思うと、「四十にして不惑」というのは、「40歳になったら、もう大きな軌道修正はできないよ。だけど、これまでの路線を踏襲する中で、さらなる飛躍を遂げ

るように微調整はしていきましょうね」という意味だったのだな、と納得できます。40代は自分が定めた道の中でマイナーチェンジをする最後のチャンスの時期です。

私自身は43歳になる少し前に、東北大学から青山学院大学に移籍しました。大学教員という枠の中でのマイナーチェンジですが、当時の大学の世界では、旧帝大から私立大学へ移籍をするのは一大決心でした。でも、あの時に移っていなかったら、きっともうずっと移籍は考えなかっただろうと思いますし、最善のタイミングを逸してしまっただろうと思います。

青山学院大学に移籍する前に東北大学で教授に昇格していましたから、大学の世界では過分なまでの出世を遂げることができていました。もちろん、私の場合は大学教員の仕事は「イヤじゃない仕事」でしたし、東北大学での就労環境はとても良好だったのですが、「大学教授以外の自分の可能性」を信じていましたので、「さらなる飛躍を！」という思いで、東京の私立大学に移籍して、「大学教授以外の自分の可能性」を試すことにしました。

私の場合は、それが結果として副業であるネットビジネス（株式投資に関するオンラインサロン）の運営と株式投資に関する研究へと発展していきました。

このように、**40代からの転身については、大幅な軌道修正ではなく、現状を維持しながら、プラスアルファを狙う**というようなことを考えるとよいと思います。

それと、20代や30代の頃から計画的に生きてきた場合には、すでに「イヤじゃない仕事」には就けていると思うのですが、それをより「イヤじゃない方向」へとマイナーチェンジするのはオススメです。

もちろん、同じ業種の中で独立したり起業したりするのはいいのですが、会社員や公務員だった人が40代でまったくの異業種に転職したり、まったくの異業種で起業をしたりするというのは前述の「適切なリスク」とは言えないので、オススメできません。

40代で「イヤじゃない仕事」に就くノウハウというのは、極端な転職ではなく、従来の職域の中で、またはその延長線上で、より「イヤじゃない方向へとマイナーチェンジする」という感じが適切だと思います。

今、50代の人へ――「スライド」でイヤじゃないほうへ

ズバリ申し上げますが、今やっている仕事がいくらか「イヤな仕事」であったとして

も、まったく畑違いの「好きな仕事」や「イヤじゃない仕事」へと大きな転身をするのは、50代ではもう手遅れです。ほとんどの場合、50代では大きな変革は難しいと考えたほうがいいでしょう。下手な動きをしようものなら、それこそリストラの格好の標的にされてしまうのがオチです。

ただ、**50代でも依然として、「イヤじゃない方向」へとスライドするのはオススメ**です。たとえば、今の会社の中でイヤじゃない仕事を担当させてもらえるよう会社と交渉する、といったことです。「わがままな人物だ」と思われるかもしれませんが、どうせ会社にいるのは長くて十数年。わがままだと思われてもいいではありませんか。

また、**副業で「イヤじゃない仕事」を模索するのもアリ**だと思います。それが見つかれば、定年後もいくらでもその仕事を続けることができます。

もう一つ、私が50代の方にオススメしたいのは、「老後対策を具体的に開始すること」です。特に、50代前半から老後対策を具体的に開始するのが効果的です。

私自身は49歳の時から老後対策を具体的に開始しました。その具体的なノウハウはここでは割愛しますが、ご興味のある方は拙著『老後資金、55歳までに準備を始めれば間に合います』（ＰＨＰ研究所）をお読みください。

老後対策は、５年から7年くらいかけて実践すれば、かなり光明が見えてくるようになります。もちろん、老後対策も時間があればあるだけ有利です。しかし、「自分の老後」を具体的かつリアルにイメージできるようになるのは、やはり50歳前後にならないと難しいように思います。

私は、株式投資の意義は「老後資金の形成」にあると考えていますので、早ければ20代から、遅くとも30代には株式投資を始めて、30年くらいかけて老後資金を育てることを推奨していますが、資産形成だけではない、より具体的な老後への対策を始めるのが50代の前半くらいまでだろうと考えています。

今、60代の人へ——「望ましい引退」への最終調整の時

今、60代の人は「もう老後」です。

ですから、「イヤじゃない仕事」に就くためのアドバイスはありません。定年前の人は、定年後の生活への具体的な準備をする時期ですし、定年後の人は「今の生活」を充実させ

ることに専念すればいいと思います。

しかしながら、ここであえてアドバイスをするとすれば、それは「私はもう60歳を過ぎたけど、老後の準備はまだ十分ではない」という人に対してです。そういう人もたくさんいらっしゃると思います。

人生を60年もやってくれば、「経済的な意味での自分の生活水準」は定まってきます。そして、今60代の人は、その「経済的な意味での自分の生活水準」を維持していくのに、いくらの「フロー（＝年収）」といくらの「ストック（＝金融資産）」が必要かを考えてみてください。そして、それに足りない分を補えるようになるまでは働きましょう。


これだけの簡潔なアドバイスしかできませんが、「経済的な意味での自分の生活水準」ということをきちんと考えずに、ただ漠然と「不安を抱えて生きている」という人が多いように思います。今、60代の人は、「もう老後」なので、これから生活をドンドン派手にしていく必要はありません。**「今の生活」を維持するのに、どのくらいの「フロー（＝年収）」といくらの「ストック（＝金融資産）」が必要かを考えればいいのです。**そして、それを持続できるようにする（昨今流行の言葉で言えば「サステイナブル」にする）ための

「最終調整」の時期が60代です。

私は２０２２年12月現在でまだ61歳ですので、「60代としては新参者」ですが、「人生が終盤に向かっている」という実感だけは、ひしひしと感じます。60代は人生の終盤戦ですから、「老後の準備はまだ十分ではない」という人は、じっくりと腰を落ち着けて、最終調整をしてほしいと思います。

3-3

定年前に誰もが直面する大問題

「仕事一辺倒の人生」は今すぐ手放そう

さて、以下では、40~60歳の、いわゆる中高年といわれる世代の方が直面する、

・「プライベートとの両立」
・「役職定年」
・「早期退職」
・「定年後再雇用」

といった問題について、「イヤじゃない仕事」を重視する観点から考察していきたいと思います。

まずは、「プライベートとの両立」です。

「ワーク・ライフ・バランス」という言葉が聞かれるようになって久しいです。ご承知のように、この言葉の意味は「仕事とプライベートのバランスをうまく取ろう」ということです。つまり、「仕事ばかりの生き方ではいけないので、バランスよくプライベートも充実させましょう」というわけです。

そして、普通に働いている人であれば、プライベートばかりに偏ることはできないので、この言葉は要するに「仕事ばかりをしすぎないようにしましょう」ということを意味しているわけです。

これは、「時間の配分」の問題です。

日本人は真面目な人が多いので、仕事をたくさん抱え込む傾向がありますが、仕事ばかりに時間をつかっていると、消耗しますし、生産効率も落ちます。

さらに問題なのが、こうして**「仕事ばかり」の生き方をしていると、定年後に仕事がなくなったことで「何をしていいのかわからない」という状況に陥ってしまう**ことです。定年後にやることがなくなり、急に老けてしまったという人の話をよく聞きますが、おそらくそうした人は「仕事ばかり」の生き方をしてきたのではないでしょうか。

定年後も仕事を続けることを本書は推奨しているわけですが、それでも、仕事の時間は現役時代と比べて、普通は大幅に減ります。その意味でも現役時代のうちから「仕事ばかりの人生」を見直しておくべきだと思います。

この発想を変えるには、**仕事ばかりに時間をつかうのは「善」ではなく、どちらかというと「悪」なのだ**と考え直してみるといいのではないでしょうか。

日本人は真面目な人が多いので、「(仕事ばかりに時間をつかうのは)善ではなく、どちらかというと悪だ」と思えば、生き方を考え直すことにも真面目に取り組むと思います。

そもそも、仕事がイヤになる原因の一つは、「仕事ばかりに時間をつかう(仕事に追われる)こと」だと思います。「仕事に追われる」という状況を脱却すれば、意外と今の仕事が「イヤじゃない仕事」であることに気づく、といったこともあるかもしれません。

ですから、そういう意味でも、「ワーク・ライフ・バランス」を自分の好みのように改善することに、ぜひとも真面目に取り組んでみてはいかがでしょうか。

役職定年――本来的にはおかしな仕組み

私には役職定年はなかったですし、「定年」も自分で決めたので、役職定年と定年について、経験に基づいたことは申し上げられません。ですから、きれいごとしか言えないかもしれませんが、経験がないからこそ、純粋に理論的に考えることもできます。ここでは、そういった見地から、役職定年と定年について簡潔に私見を述べます。

役職定年と定年というのは、「会社が決めた制度」でしかありません。こういったものは「年齢による差別」として、欧米では違法行為です。ですから、将来的には日本でも消えていく制度ではないかと考えています。

しかし、これら役職定年や定年が、会社が決めた制度でしかないということは、「能力さえあれば、これを乗り越えられる」とも言えるのです。すなわち、役職定年になっても、その人に能力があれば、その能力を他の企業がほしがるはずですし、それは定年も同じことです。

ただ、そこで**「じゃあ、本業を頑張ろう」と考えるのは、個人的にはあまりオススメしません。むしろ私がオススメしたいのは「副業」です。**

副業については3－4で述べますが、この年代からの副業は、本業とリンクしたもののほうがいいでしょう。本業とリンクした副業で稼ぐことができるというのは、いわば「本業の生産性が高い」ということの証です。また、副業によって本業の生産性を上げることもできます。

役職定年や「1回目の定年（60歳定年）」になると、給与が3割減や、ひどい場合は5割減や7割減になってしまうと聞きます。その人の生産性が下がってしまったのなら仕方ないとはいえ、そうではないとしたら、本来は不当な扱いです。

しかし、副業をすることで減った分の収入を補填することができます。

昨今、物価が高騰し始めるや、「給与が上がらないのは問題だ。給与を上げるような施策が必要だ」などという意見を耳にするようになりました。しかしながら、厳しいことを言うようですが、給与・報酬の本質は、その人の「生産性の高さ」に比例するので、自分で自分の生産性を上げる以外に、給与・報酬を上げる手立てはないのです。

そして、自分の生産性を上げるには、仕事の効率を上げて、時間を生み出し、その時間に副業をするというのが一番わかりやすい方法です。

早期退職――「辞める後悔」と「辞めない後悔」

昨今は多くの企業で「早期退職制度」が導入されています。そうでなくても、前述した役職定年などもあり、今の会社を早く辞めて次の道に踏み出したいと考える人も多いことでしょう。

私は「早期退職」は経験済みなので、経験からお話ができます。

早期退職をするかどうかを考える場合には、第一に経済的な基盤があるかどうかです。そこが盤石でないのに退職をするのはまさに「無謀なリスク」に他なりません。

ここでは、経済的な基盤はある程度、盤石であることを前提として、経済的な面以外のことを考えてみたいと思います。

早期退職について、本書では「満55歳〜満65歳までに自主的に退職すること」と定義します。満55歳より早く退職するのは、前にも述べた「ＦＩＲＥ（Financial Independence：Retire Early、すなわち経済的自立と早期退職）」に分類します。また、現時点における日本の制度では実質的に満65歳が定年年齢なので、満65歳以降の退職は早期退職には含めません。そして、「自主的に」ではない退職も早期退職には含めません。

早期退職をするかどうかを考える際に検討すべきことは、「辞めてしまって、後悔はしないだろうか」ということなのですが、それと同じくらいしっかりと検討すべきは、「辞めないことで、後悔はしないだろうか」ということです。**「辞める後悔」と「辞めない後悔」を両面から考える**ということが肝要です。

私が「早期退職」をリアルに検討し始めたきっかけ

これも、私の経験を基にしてお話しします。

私が早期退職をリアルに検討し始めたのは、２０１９年の９月でした。

きっかけは些細なことでした。２０１９年の９月下旬に二つの事象が起こりました。一つは息子が通っていた大学の授業料について、最後の払い込みを済ませたことでした。もう一つは、長年乗り継いできたフェラーリを手放したということでした。

息子の大学の授業料については、４年分に相当する金額をすでに確保していたため、よくある「子供が大学を卒業するまでは働かなきゃいけない」という意識は、私の場合は皆無でした。それでも、最後の払い込みを済ませた時には、いわゆる「肩の荷が下りた」という感がありました。その刹那（せつな）、「あぁ、もうそろそろ仕事を辞めてもいいなぁ」とリアルに感じたことは確かです。

そして私の場合はたまたま、それと同時期にフェラーリを手放しました。

私は25歳の時から58歳まで、イギリスにいた期間を除いて、ずっとフェラーリを乗り継いできました。フェラーリが大好きで、「フェラーリに乗り続けるために頑張る！」というメンタルで仕事を頑張ってきたという側面もありました。

しかしながら、歳を取るに従って、フェラーリにはもうほとんど乗らなくなっていったのです。フェラーリには「乗り回す歓び」とともに「持つことの歓び」というのもあったので、ずっと持ち続けてはいたのですが、最後に所有していたフェラーリ４８８スパイダーは、新車から最初の車検までの3年間で８００キロしか乗りませんでした。

そして、その最初の車検の際のディーラーさんの対応が極度に拝金主義的だったのです。８００キロしか乗っておらず、雨天未使用だと伝えたにもかかわらず、（なんとワイパーの交換を含めて）車検代として35万円を正規ディーラーが見積もってきた上に、「今後2年間、ディーラー保証を継続したければ、保証料は75万円です。皆様、お支払いいただいております」と言ってきたのです。

30年前は、「獰猛で精悍で、かつ、純粋なスポーツカー」だったフェラーリが、昨今では「ブランド品」のようなものとなっていることを痛感しました。だからこそ正規ディーラーも「あんたはお金があるんだから、たくさん払ってください」というスタンスになってしまったのでしょう。

極度の拝金主義ぶりに、まさに「１００年の恋も冷めて」しまい、フェラーリを手放すことにしたのです。手放してみると、毎月30万円のローンの支払いがなくなったことで、これまた「肩の荷が下りた感じ」がしました。

この二つが、私が早期退職を真剣に検討するきっかけになりました。大きな決断をするきっかけというのは、意外とこんな些末なことだったりするものです。

最初に検討すべきは「辞めてしまって、後悔はしないか」

２０１９年の9月下旬に早期退職を真剣に検討し始めた私が最初に考えたことは、「辞めてしまって、本当に後悔はしないか」でした。

大学教員の世界では、来年度のカリキュラムが確定するのが毎年10月中旬頃ですので、もし辞めるとすれば、時期的には10月中旬までには所属の長に辞意を伝えなければ大学に迷惑をかけてしまいます。早期退職を真剣に検討し始めた9月下旬から10月中旬までは2週間余りしか時間がなく、「拙速に辞めてしまうと後悔するのではないか」という考えが最初によぎりました。そのため、もうあと1年度は続けてみようと考え、辞意表明を見送りました。

ところが、翌年の２０２０年3月になると、ご存じのように「コロナ禍」が巻き起こり、授業がオンラインになり、その準備でとてもタイヘンな思いをしました。その時に、「あ〜、こんなことなら、あの時に辞意を表明して、２０２０年3月末で退職すればよかった！」と強く思いました。コロナが怖かったのでは決してありませんが、コロナによって強いられた新たなタスクがイヤだったのです。

「辞めない後悔」を痛感した時

この「あ～、こんなことなら、あの時に退職しておけばよかった！」という思いこそが、「辞めない後悔」そのものです。

そして、**辞めないことで発生するのは、「残り少ない人生において、辞めたあとの人生の時間が着実に減っていく」という事実**です。

私の場合は、まず「辞める後悔」を考慮して1年延長してみたのですが、そのあとに「辞めない後悔」を痛感したことで「辞める決意」が固まったのです。

私の場合は最初の決断をする時（２０１９年９月）に、あまりにも時間がなかったことと、たまたま翌年の３月から「コロナ禍」になったことで、実体験として「辞めない後悔」を痛感することになったのですが、皆さんは十分な時間を取って、「辞める後悔」と「辞めない後悔」を比べてみてほしいと思います。

たとえば、「辞める後悔」には、以下のようなものが考えられるでしょう。

・定期的な収入がなくなる
・勤務先での地位や人間関係がなくなる
・勤務先にいるからこそできる仕事（スケールの大きな仕事など）ができなくなる
・やりがいや生きがいがなくなる
・定年まで勤めると満額もらえる退職金が減ってしまう

一方、辞めない後悔としては、以下のようなものが考えられます。

・やりたくない仕事をあと○○年続けなくてはならない
・職場での面倒な人間関係を耐えなくてはならない
・定年後の時間が少なくなる
・（早期退職の割増退職金がある場合）得られるお金が得られなくなる

これらも一度書き出してみた上で、点数をつけて比較してみるといいと思います。

「FIRE」が抱える大きな問題

ところで、早期退職は経済的な基盤があってこそ、と述べましたが、こういう話をすると「とっととお金を貯めて、あとは働かずに一生暮らす」という生き方がベストなのではないかと考える人もいると思います。いわゆる「FIRE」です。

30代や40代、早い人は20代で働くのをやめて遊んで暮らす生き方が、人々の羨望を集めています。ただ、私が「一生遊んで暮らすような人生が楽しいわけがない」と考えているのは、ここまで何度も述べてきた通りです。

そこで、ここでは「FIRE」の問題点をいくつか指摘していきます。

「FIRE」には何種類かのタイプがある、というのを最近テレビで観た覚えがあるので、この項を書くために、「FIRE　種類」のキーワードでググってみました。そうしたら、FIREには4種類のタイプがある、ということがわかりました。

フルＦＩＲＥ ── ①ファットＦＩＲＥ
　　　　　　　└ ②リーンＦＩＲＥ
サイドＦＩＲＥ ── ③バリスタＦＩＲＥ
　　　　　　　└ ④コーストＦＩＲＥ

それぞれ、簡潔に説明します。

まず、「フルＦＩＲＥ」は、一切働かないタイプで、「サイドＦＩＲＥ」は、フルタイムの本業は辞めて、アルバイトなどのパートタイムで気楽に働きながら、運用収入と労働収入で、気ままに生きていくタイプです。

①ファットＦＩＲＥ

資産家や超富裕層で、一切働かなくても、まったく節約もしなくてすむタイプ。これは一握りの例外の人しかできませんから、ここでは議論しません（なお、「ファット（fat）」とは「太っちょ」という意味です）。

②リーンＦＩＲＥ

節約して貯めたなけなしの資金を運用して、ＦＩＲＥ後も一生節約して生活するタイプ。一切働かないが、一生貧乏。これが、一番問題が多いタイプです。

「リーン（lean）」とは「無駄がない」とか「際の（キワッキワの）」という意味です。ギリギリの生活をすることを要求されるため、こういった名称なのだろうと私は解釈しています。

③バリスタＦＩＲＥ

30代などの若い時にＦＩＲＥをして、そのあとはアルバイトなどで気楽に働きながら、運用収入と労働収入で、気ままに生きていくタイプです。「バリスタ（barista）」とはイタリア語で、「コーヒーを煎れる人」のことです。

このタイプの人は喫茶店で、パートタイムで気楽に働くことが多いので、こういった名称になったようです。

アメリカではスターバックスコーヒーが、アルバイト店員さんにも社会保障などの適用をしているらしく、それがバリスタＦＩＲＥに向いているので、こういった名称になったという説もあるようです。

④コーストＦＩＲＥ

たとえば30歳くらいから運用を開始し、50歳くらいまでは働きながら、20年かけて十分な資産を形成して、50歳くらいでＦＩＲＥをするタイプです。「コースト（coast）」とは「滑らかに進んでいく様子」を表す言葉です。

「バリスタＦＩＲＥ」よりも歳を取ってからのＦＩＲＥですが、所有資産が多く、経済的な余裕があるタイプです。

私は前著である『60歳までに「お金の自由」を手に入れる！』において、「ＦＩＲＡ60（Financial Independence: Retire Around 60）」という考え方を提唱しました。これは60歳前後までに投資や副業で十分な資産を手にして、60歳前後で「自主的に定年退職」することを目指すというものですが、これはまさにこの「コーストＦＩＲＥ」に近い発想です。

一番ダメなのは「リーンＦＩＲＥ」

先に述べた4種類のＦＩＲＥのタイプの中で、私が問題提起をしたいのは、「リーンＦＩＲＥ」についてです。4種類のＦＩＲＥについて、ひと言でまとめると次のようになります。

- フルＦＩＲＥ
  - ①ファットＦＩＲＥ→問題はないが、なかなか実現できない
  - ②リーンＦＩＲＥ→問題山積
- サイドＦＩＲＥ
  - ③バリスタＦＩＲＥ→問題はないし、実現もしやすい
  - ④コーストＦＩＲＥ→「ＦＩＲＡ60」の考え方に近い

なぜ「リーンＦＩＲＥ」が問題なのかというと、その多くは、早く仕事を辞めたいがために、数千万円程度とかそれ以下の資金しか準備せずに、とっとと仕事を辞めてしまうからです。

数千万円は確かに大金ですが、それだけで「残りの長い人生」を過ごすには不十分と言わざるを得ません。また、なんらかの理由で大きなお金が必要になった場合、途中でお金が足りなくなってしまう可能性があります。

さらにいえば、せっかく貧乏な生活を我慢して数千万円（とかそれ以下）の資金を貯めてＦＩＲＥを達成したのに、その後もずっと節約生活を過ごさなくてはならないわけです。そんな人生が果たして、楽しいでしょうか。

だったら、「イヤじゃない仕事」に就くことで働き続け、より多くのお金を稼ぐほうがよほどいいと思うのですが、いかがでしょうか。

私が本書で提案しているのは「コーストＦＩＲＥ」に近いものです。これなら、本業を退職したあともお金の心配をあまりせず、気ままに働くことができます。

不動産投資の最大のリスクは「金利」

さて、ＦＩＲＥ実現を目指す人に人気なのが「不動産投資」です。それも、数億円規模の巨額な借金をして、それを元手に不動産投資をして、年間数百万円の純利益を得て、それを経済的基盤にしてＦＩＲＥをするということを主張する人が数多くいます。

しかし、そのやり方は極めて脆弱です。なぜならば、不動産投資のために資金を借りる場合、ほとんどすべてのケースで金利は変動金利になります。金利が上昇したら破綻するビジネスモデルです。第２章でお話ししたように、今後の日本の経済状況・財政状況はかなり不安定です。今でこそ低金利が続いていますが、**金利がある日突然、急上昇する可能性は十分にあります**。現に、２０２２年になってから、住宅ローンの金利は上昇しています。

数億円規模の借金をして、税引き後の純利益の額が年間数百万円の場合、利益率は「たったの１％」です。金利が１％上昇したら純利益はゼロになり、生活できません。金利が２％上昇したら、年間数百万円の赤字で、経済破綻します。利益率が「手取りで３～４％」ある場合でも同じです。金利が３～４％上昇したら、純利益はゼロになるからです。これからの日本では、金利が３～４％やそれ以上の幅で上昇することだって十分にあり得ます。

不動産投資でＦＩＲＥをするならば、「借金を差し引いた純資産が数億円」でないと、人生設計はできません。

私が不動産投資より株式投資を勧める理由

ここで私の「不動産投資」に対するスタンスをご説明したいと思います。

不動産投資とは、自宅とは別にワンルームあるいは一棟丸ごと不動産を購入し、それを誰かに貸すことによって家賃収入を得るという投資手法です。いわゆる「大家さん」ですね。

不動産投資は投資手法として「十分アリ」だと私は思っています。しかし、「手間のわりには儲けが少ない」というのが偽らざる実感でもあります。ですので、私は不動産投資よりも株式投資を勧めるスタンスをとります。

不動産投資の手取りベースの利回りは「２%とか３%」になってしまうことが多いのですが、私の推奨する株式投資であれば配当利回りだけでも、そのくらいの利回りは十分に獲得できます。それこそ、配当収入だけであれば、不動産投資とは比較にならないほど「何もしなくても」獲得可能です（「減配リスク」に関する調査研究だけは、事前にやっておかなければなりませんが)。

もちろん、不動産投資のプロとして、有望な物件を誰よりも先に手に入れるルートを持っていて、膨大な資金を持っているか、膨大な借入をものともせず、大きな利益につなげることができる「才能のあるごく一部の不動産投資家」なら大儲けもできるでしょう。

たとえば10億円で不動産投資をすれば、たとえ手取りの利回りが2%とか3%でも、2000万円や3000万円の手取り年収を稼ぎ出せますし、100億円の投資がきちんとできれば、手取り年収は2億円や3億円になります。トランプ元大統領なども不動産投資で巨万の富を築き上げた一人です。

でも、そういうのは「才能のあるごく一部の天才」のみがなせるワザです。

個人投資家レベルでは、たとえば5000万円の投資をしても、手取りの利回りが2%とか3%であれば、手取りの利益は年間で100万円か150万円程度ですし、それも借入金の利率が少し変動して上昇したら吹き飛んでしまうというのは前述した通りです。

なお、「手取りの利回りが2%とか3%」といっても、投資額をすべて現金で賄えるのならまだしも、借入で賄う場合はよほど上手に投資しないと、この利回りすら実現するのはなかなか難しいです。変動する金利を中心とした運営経費や修繕引き当て金や税金などといった費用が重くのしかかるからです。

株式投資のほうが不動産投資よりは儲けやすい理由は、不動産よりも株式のほうが「リスク資産性」が高いからだと思います。この場合の「リスク資産性が高い」とは、「危険」という意味ではなく、「価格の変動率が高い」という意味です。ファイナンスの理論ではリスクとは危険ではなく、「価格が動くこと」を意味します。

だからこそ「不動産投資よりも株式投資のほうが儲かる」という実感を持っているのですが、当然ながら株式投資の場合は不動産投資よりも、利回りは不安定です。

ただ、「きちんと勉強すれば」、そのリスクは大幅に緩和することが可能なのもまた、株式投資なのです（詳しくは第４章で述べます）。

さて、不動産投資とＦＩＲＥにまつわる私の見解は以上ですが、最後に、早期退職を考える場合は、「経済的基盤が盤石であること」は大前提である、ということを再度、強調しておきたいと思います。

定年後再雇用――「なぜそれを選ぶのか」を明確に

65歳までの雇用が法制化されて久しいですが、どうやら日本の雇用環境の実態は、いまだに「定年は満60歳」で、満60歳を過ぎてから満65歳までは「再雇用」でしかないというのが現状です。そして、満60歳を過ぎてから満65歳までの再雇用の期間は、かなり劣悪な雇用条件でも文句は言えない、といった状況であることが多いようです。

ましてや、満65歳の定年を過ぎてからの「定年後再雇用」では、さらに厳しい現実が待ち受けている、というケースがほとんどのようです。

それでも定年後再雇用を選ぶとしたら、やはり、なんらかの理由が必要だと思います。

一つはその仕事が「好き」あるいは「イヤじゃない」ことでしょう。給与が減ったとしても、その仕事にやりがいが感じられるのなら、その選択は悪い選択ではないと思います。

もう一つの理由は「再雇用を選ばないと、お金が足りなくなる」ということです。そうならないよう、私は本書で早め早めの対策をオススメしているわけですが、そのような状況になってしまったとしたら、それはもう仕方がありません。なるべく早くその状況から抜け出せるよう、副業などにも目を向けつつ今の仕事を続ける、ということになると思います。

その際に意識していただきたいことがあります。それは、「付加価値」です。

もうそろそろ日本人は「雇ってもらう発想」から脱却して、「自分で付加価値を生み出す」という考え方に変わらないといけないと思います。

「仕事は与えられるものではなく、ゼロから自分で生み出すものだ」というパラダイムシフトをして、**「自分はどんなことで世の中に付加価値を創出して、貢献するか」という発想で仕事を選ぶ**ことです。そうすれば、定年後再雇用で一時的に給与が下がったとしても別の方法で稼ぐことも可能になると思いますし、何よりそういう仕事をしていると、仕事が楽しくなるはずです。

以上、「イヤじゃない仕事」という観点から、仕事の選び方についてご説明してきました。

「自分の仕事を選ぶ」という体験は新入社員以来の人も多いと思います。しかし、定年を迎えるに当たってはいやおうなしに、誰もがそれを迫られることになります。

ここで従来と同じような感覚で仕事を選んでしまうと、それこそ「60代という青春時代」を楽しむことができなくなりますし、きっと一生後悔することになってしまいます。

ぜひ、今のうちからしっかりと考えることをオススメしたいと思います。

3-4 二の矢「副業で種銭を」――誰もが本業以外を持つ時代

60代での副業はこれからのスタンダードに

日本では、やっとのことで「副業解禁」の気運が高まってきました。遅すぎるくらいです。これからの時代は副業をすることが当たり前です。

なお、副業を禁止する会社や公務員の制度は、完全に時代遅れです。

一昔前のように、「定年まで一つの会社に滅私奉公すれば、退職金と年金で老後は安泰」だった時代なら、従業員（や公務員）の副業を禁止するのも許容できます。1990年代のバブル崩壊以降、そんな前時代的な保障が消失したのに、副業に就くことをいまだに禁止していること自体、時代錯誤もはなはだしいですし、無責任です。もし会社が倒産したらどうするの？　公務員の給与が減額になったらどうするの？　ということに対応していないわけですから。

ただし、副業をすることというのは、本業からの所得が少ないので、それを補填するため、というような涙ぐましい意味ではありません。

本業もしっかり頑張って、しっかり稼いでください。そして、ゆとりある生活をエンジョイしてください。そこにさらに**副業の所得を追加することで、そのお金を株式投資に充てる**のです。

これからの日本の歩き方は、

①本業
②副業
③株式投資

の3本柱です。

また、定年退職後や、早期退職をしたあとには、副業が本業になり、

①副業あらため、本業
②株式投資

の２本柱となります。

本多静六式「お金の貯め方」

まずは、本業でしっかり稼ぎましょう。趣味や旅行、その他の贅沢をして、本業からの所得は全部つかってしまってもいいと思います。その代わりに、副業からの所得には一切、手をつけずに、株式投資の資金に充当しましょう。

「蓄財の神様」と言われた本多静六博士は「(本業からの)所得のうちの４分の１を貯めて、それを株か不動産の安値に投資しなさい」と述べています。本多静六博士の時代(慶応２〜昭和27年)には、それが正解です。「副業」という概念がなかった時代のことだからです。しかし、現在は違います。

ただ、この本多静六式の「所得のうちの４分の１を貯める」というのは見逃しがたいです。そこで、本業からの所得は全部つかってゆとりある生活をしながら「所得のうちの４分の１を貯める」ことを目標にしてみるのはどうでしょうか。

そうすると、副業で稼ぐべき金額の目安が浮き彫りになります。具体的には**「本業の所**

■本多静六式「お金の貯め方」

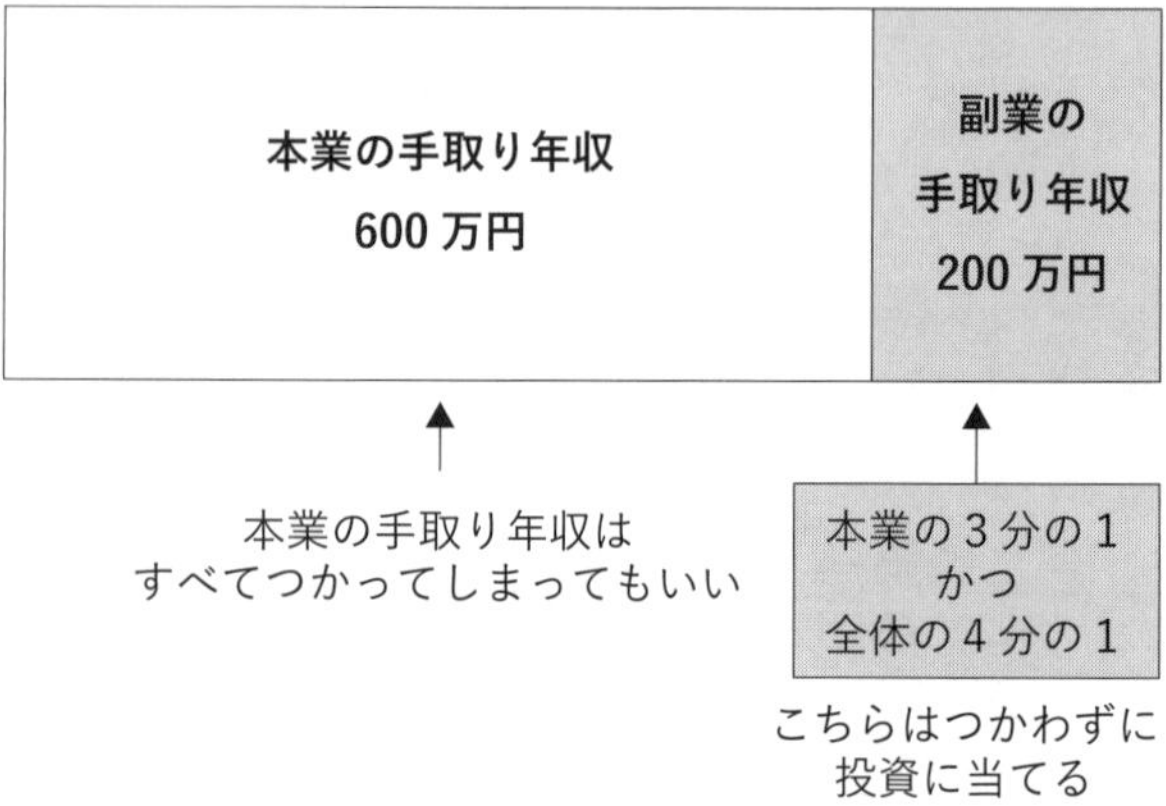

本業の手取り年収 600万円	副業の 手取り年収 200万円
↑ 本業の手取り年収は すべてつかってしまってもいい	↑ 本業の３分の１ かつ 全体の４分の１ こちらはつかわずに 投資に当てる

得の３分の１の金額を副業で稼ごう」ということです。

たとえば、本業からの所得が手取りで６００万円だとします。その場合、副業からの所得を手取りで２００万円にすれば、所得の合計は８００万円になり、副業からの所得を全額投資に充当する（＝貯める）ことで、「所得のうちの４分の１を貯める」ことができる、というわけです。そして、そのようにして貯めた資金を株式投資で増殖させるのです。

これで、現代における「本多静六式の蓄財」が実現でき、長い時間をかけて大きな財産を築くことができるようになるのです。

株式投資も「副業」である

株式投資については、第４章でも具体的なノウハウを披露しますので、ここでは簡潔に述べますが、株式投資は「ライフワーク」だと思ってください。老後も、認知症になるまでは株式投資を続けるのです。

副業禁止の会社でも、株式投資はできます（もちろん、インサイダー取引防止との関係で株式投資を禁止する部署に所属している場合は除きますが）。株式投資とは誰でも始めることができる「副業」といってもいいでしょう。

ですから、株式投資は投資というよりは、「株式の売買」という「事業（商売）を営んでいる感覚」で続けていってほしいのです。

では以下で、副業をすることのメリットと副業の選び方について述べていきます。

副業をすることの、実はお金以上の大きなメリット

副業をすることのメリットは、

・所得の源泉を一つだけに頼らずにすむ
・副業の所得を株式投資の種銭にできる

ということなのですが、それ以外にもう一つ、重要なメリットに私も最近になって気づきました。それは、**「副業は定年がなく、老後も続けられる」**ということです。これは想定以上に大きなメリットです。

本書では随所で述べてまいりましたが、「老後にやることがない毎日」は、ことのほかストレスになるのです。現役バリバリで多忙なビジネスパーソンの方は、老後に「時間があり余るほどある」ことに憧れを抱く方も多いと思いますが、それは錯覚です。

定年退職をして最初の1～2年は、「時間的自由」を謳歌して大満足です。でも、2年もしたら、飽きます。短い人だと数カ月で飽きてしまう人もいます。

それに、老後を迎えていきなり何もやることがなくなるのは、精神衛生上も決してよくありません。定年退職後も続けられる、「自分なりの副業」を持っておくことは、「老後対策」としても、とても有効なことなのです。

しかし、当然のことながら、老後を目の前にして、いきなり副業を始めようとしたり、老後になってから、「ヒマだから」という理由で副業を始めたりしても、なかなかうまくいかないでしょう。理想はやはり、現役時代から副業を開始しておくことです。

本業からの手取りの年収がたとえば１５００万円とか、それ以上あるような高所得者であれば、本業も忙しいでしょうし、副業まで手が回らないのも仕方ないと思います。それでも、やはり老後（本業を終えたあと）のことを考えると、副業はオススメしたいです。

ただ、こうした高所得者はえてして、老後（本業を終えたあと）も本業の余韻で十分に仕事ができたりするものです。会社員であれば起業もできるでしょうし、士業であれば、老後も自分なりのペースで仕事ができると思います。

ですから、現役時代の年収の多寡にかかわらず、

「老後のためにも、副業を！」

ここでは、これを強調したいです。

副業は「好きなこと」か「イヤじゃないこと」から選ぶこと

副業の選び方として、重要なことを三つ書きます。

第一に、「好きなこと」か「イヤじゃないこと」から選ぶこと
第二に、「得意なこと」から選ぶこと
第三に、「お金のため」という思考を捨てること

これに尽きます。

それぞれについて少し付言します。

前にも述べましたが、本業でさえ「好きなこと」か、少なくとも「イヤじゃないこと」を仕事にすべきなのに、副業で「イヤなことをやってどうするの⁉」というハナシです。

まず、最初のスクリーニングは、「イヤじゃないことかどうか」です。

そうでないと続きませんし、たぶんあまりうまくもいかないでしょう。そして、副業は老後も続けていくので、「イヤなこと」を一生やっていくなんて、あり得ないですよね。

副業を選ぶ際に最初に考えがちなのは、本業で忙しい中でも片手間でできそうなことと か、手っ取り早く儲かりそうなことですが、そういうのはまず横に置いておいて、まず一番に考えるべきことは、「好きなこと、または、イヤじゃないことであるかどうか」です。

さらには、**「老後になったら、または、今の仕事を辞めたら、こんな仕事をしてみたい」というものがあるのであれば、それを副業として今すぐに始めることをオススメします。**

たとえば、「あるある」なところから例を挙げますと、「老後には、そば打ちをしたい」という夢があったとします。それなら、自宅を改築するか、1坪ショップを借りるなどして、土日のお昼と夕方だけの営業を、今すぐに始めればいいのです。

「本当にやりたいこと」ならば、老後になるのを待つ必要はありません。本業をそのまま続けながら、副業として起業するのはありなのです（それであれば、「筋道が通っていないリスク」を取ることにはなりませんし）。

「得意なこと」なら商売にしやすい

「イヤじゃないことかどうか」という最初のスクリーニングを通過したら、次のスクリーニングは、「得意なことかどうか」です。

「得意なこと」というのは、えてして「好きなこと」でもあります。また、「好き」ではなくても、「得意なこと」というのは、「イヤじゃないこと」であることがほとんどです。

「自分では得意なことがわからない」という人は、親しい人に訊いてみるのもいいでしょう。「おまえ、〇〇がうまいよな」って言われたら、それはたぶんあなたの「得意なこと」なのです。

副業では、他人様からお金を払っていただくわけですから、他人よりも秀でていることを選ばないと、商売にはなりにくいでしょう。

多くの人の場合、「得意なこと」は自分の今の仕事になんらかの形で関わっているのではないかと思います。私の場合も「会計学教授の知見を活かした株式投資の手法を開発し、それをネットで伝える」という副業を始めたわけですが、本業とリンクしているからこそ、信頼性が担保されたと考えています。

今の仕事のすべてがイヤで仕方がない、という人もいるかもしれませんが、そこから何かしら副業のヒントが得られることもあるはずです。


私が以前に大変お世話になったNさんという不動産屋さんがいます。その方は桁違いに親切で、不動産のことにもとても詳しかったのです。現在私が住んでいる名古屋の自宅の土地を探す時には、なんと70件もの物件の現地視察の案内をしてくださいました。

そのNさんは、元はメガバンクにお勤めでしたが、ご子息が同じメガバンクに就職なさったタイミングで、系列の不動産会社に出向になったとのことでした。出向になった時には不動産のことには詳しくはなかったそうですが、出向になってから不動産のことを猛勉強なさったそうです。

Nさんとは、ここ数年お目にかかっていませんが、そろそろご定年になるはずです。このような方であれば、不動産会社をご定年なさったあとに、前職の銀行と不動産の知識を生かして不動産アドバイザーとして独立なさったら、きっとうまくいくと思います。

Nさんにとって、ご定年と同時に不動産アドバイザーを開業することは、本業の延長線上であり、しっかり勉強なさったので、「得意なこと」でもあると思うのです。

「お金のため」という思考を捨てること

「副業で稼ぐのは、株式投資の資金を得るためだから、なるべく儲かることをしたい」と考えてしまうのも、陥りやすい罠です。しかし、副業はお金のためだけにやるのではないのです。

一方で、ボランティアではないので、もちろん、マネタイズすること（お金にすること）は考えておかなければなりません。

ちなみに、「老後にボランティアをする」というのは、老後の「あるある」ですが、それだけでは不十分だと私は思います。やはり「マネタイズ」されていないと、責任感・緊張感・やり甲斐が少なくなってしまうからです。

しかしながら、「まず、お金ありき」ではないのです。

自分が「好きか、イヤじゃないこと」であり、「得意なこと」から選んで、それを仕事にするわけですが、**理想的な目的は「世のため、人のため」**です。

お金のためではありません。お金は、世の中の人が喜んでくれたお返しとして、「おひねり」で飛んでくるものです。「世のため、人のため」というのは理想論だとしても、もっとわかりやすく言えば「皆様の笑顔のために」ということを仕事にしたいものです。

「好きか、イヤじゃないこと」＋「得意なこと」＋「みんなが笑顔になること」を仕事にして、世の中の人に喜んでもらった結果として、お金を得るのです。

私の場合は、株式投資の分析・研究が比較的「好きなこと」であり、「得意なこと」なので、それを駆使してネット上で副業を展開し、有望な銘柄情報を作成して配信することで、皆様に喜んでいただき、その結果として報酬を頂戴している、という感じです。

さぁ、あなたの「好きか、イヤじゃないこと」＋「得意なこと」＋「みんなが笑顔になること」は、なんでしょうか？

この本をいったん閉じて、よぉ〜く考えてみてください。

それをよく考えて、見つかったら、今すぐ行動です！　行動するとワクワクしますよ。

50代ならではの副業論

私が副業を始めたのは44歳の時でした。今から思うと、副業を開始するには最も適した年齢層で起業したという気がします。ですから、40代で副業を始めるのはオススメですが、ここでは40代よりももう少し遅めの、50代での副業について考えてみます。

副業の選び方については、すでに述べましたので、ここでは副業を始めるのに「必要な要素」について述べます。

副業を開始するのに必要な要素として最も重要なことを挙げるとすれば、それは「行動力」です。それと、その次に大事なのは「経験値」です。それぞれについて、少し私見を述べます。

①行動力

何ごとにも当てはまることですが、何か難しいことを始めようとする時に「できない理由」を並べ立てる人は、何もできません。何かをしようとしているわけですから、できない理由ではなく、「どうしたらできるか」を考えるから、「一歩前に進むこと」ができるのです。そして、「一歩前に進むこと」こそが、「行動力」です。

よく「若い人のほうが、行動力がある」と言う人もいますが、私はむしろ、**行動力を発揮できる適齢期は40代前半から50代後半くらいまで**だと思うのです。特に、多くの人生経験を積んでいれば積んでいるほど、「有効な行動力」を発揮できると思います。

「本業の仕事が忙しい」などというテンプレな言い訳をかなぐり捨てて、50代の方は、副業の開始に向けて、ぜひとも「今すぐ行動」してください。

②経験値

私はネット上で、株式投資の情報提供をするオンラインサロンを２００５年に立ち上げました。起業した時のことを思い出すと、「年会費の価格をいくらにすれば妥当か」に始まり、情報提供の仕方や料金徴収の方法まで、いろいろと細かいことを決めなければなりませんでした。

そういう重要な意思決定において、有用な武器となるのが「経験値」です。また、常識や見識も必要になります。そういった要素を十分に備えているのが50代だと思います。ですから、50代というのも、（40代の次に）副業を始めるのに「絶好の年代（適齢期）」だと思います。

あえて「起業の怖さ」を挙げるとすると？

50代ならではの副業論を考える最後に、「50代で起業することの怖さ」について検討してみましたが、ほとんど何も見当たりませんでした。

しかし、強いてひねり出すとすれば、次の二つくらいです。

①あまり成功すると、上司や同僚に妬まれてしまい、本業の仕事がやりにくくなる
②借金をして、失敗してしまう

これらについて、私なりの意見を簡潔に述べます。

①あまり成功すると、上司や同僚に妬まれてしまい、本業の仕事がやりにくくなる

たとえ副業を禁止していない会社でも、あまり大きく成功して話題になったりしますと、上司や同僚に妬まれてしまい、仕事がやりにくくなったり、最悪の場合、リストラの

対象にされる、ということはあり得るかもしれません。しかし、もしそうなるほどに成功したのであれば、本業を辞めて、副業に専念するのもいいでしょう。

ただし、「副業は、あくまでも副業」ですので、できる限り本業は続けましょう。

なお、「副業の収入が本業の収入を上回るようになったら、本業の辞め時だ」ということを言う人が多いですが、私はこの考え方に真っ向から反対します。

上司や同僚に妬まれてしまい、リストラの対象にされてしまった場合以外は、副業がいくら繁盛したとしても、本業を辞める理由にはなりません。本業を辞めるかどうかは、本業と副業の収入額の多寡とは関係ないのです。副業の収入額とはまったく切り離して、「本業がイヤか、イヤじゃないか」で決めるものです。

副業がいくら繁盛したとしても、「本業がイヤじゃない」なら、辞めないほうがいいです。一般的には、本業の収入は比較的安定しているのに対して、副業の収入は不安定な場合が多いですし、本業の信用が基盤となって、副業が繁盛しているという場合もあるからです。

私自身、副業を始めたら、最初から大きくバズったので、収入の意味では本業の大学教授の年収を最初から大きく超えていましたが、副業からの収入の多寡とは関係なく、16年間は本業を辞めませんでした。

②借金をして、失敗してしまう

副業を始める場合に重要なことは、「借金をしない」ということです。副業の開業資金は自己資金で賄うのが基本です。しかも、開業資金は、「最大でも自分の年収を超えない範囲」にしておかないと、うまくいかなかった場合に再起不能になってしまいます。

インターネットを活用するのはもちろんのこととして、開業資金はできるだけかけないようにしたいものです。

私の場合は、開業資金はインターネット上のホームページの作成費用として90万円を投下しただけでした。しかも、私の場合は、副業の起業と同時に副業に関連する株式投資の著作を上梓して、その初版印税が手取りで90万円ほどだったので、差し引きすると開業資金の負担はゼロですみました。専用のオフィスもなく、大学に勤務するために借りた南青山のワンルームからスタートさせました。

ただし、これは今から17年以上も前のことですので、ホームページの作成費用が少額ですんだという利点があってこそ、なし得たことだとは思います。現在ですと、会員管理画面つきの、しっかりとしたホームページを作成してもらおうとすると、費用はそれだけでも１００万～２００万円くらいかかるようです。ですから、開業資金は諸々を含めて全部で３００万円くらいかかるかもしれませんが、そのくらいの額に抑えておき、借金はしないことを心がけてください（私はやっていませんが、今の時代であれば、各種のＳＮＳを駆使すれば開業の費用をもっと抑えることも可能かもしれません）。

さて、ここまで50代の人のための副業論を書いてきましたが、これは、60代の人にとっても同じだと思います。もちろん、スタートが遅ければ遅いほど難しくなるのは事実ですが、「遅すぎる」ということはないはずです。

3-5

三の矢「運用」――21世紀の必須アイテム

「国に頼る」のは愚の骨頂

第2章でもお話しした「老後2000万円問題」。2019年6月に政府が公表した報告書の内容（年金だけでは2000万円不足する）に対し、「そんなの聞いてないよ〜！政府はなんとかしてくれるんじゃないのか〜」という騒ぎになりました。

はっきり申し上げますが、こういう「お上頼み」の発想は、愚の骨頂です。そもそも、年金だけでなんとかなる時代などというのは、とうの昔に終わっていますし、2000万円くらいは自助努力で（貯金と退職金で）なんとかしておきましょうよ、というハナシです。

しかも、あの報告書では、「2000万円足りない」というのは、ほんの数行だけ書かれた記述でしかなく、当該報告書の主旨は「老後の資金については、自助努力によって、運用で資産形成をしておきましょう」ということなのです。もう一つは、「認知症を発症した場合に備え、後見人を定めるなどして、経済的なことはきちんと対処しておきましょう」ということでした。

日本人にとっては、「運用」は不得手で、「認知症」は不都合なことです。そういった目を背けたいことは、たとえそれが報告書の主旨であったとしても無視してしまい、「2000万円足りない」ということと、2000万円という「金額」だけが独り歩きしてしまって、挙げ句の果てに「政府はなんとかしろ！」です。いやいや、「自分のことは、自分でなんとかしましょう！」というのは、人として最小限の道徳ですよね。

そもそも、年金だけでは生活費が不足する家計が多いことは、2019年6月に報告書が公表されるよりもずっと前から、すでにわかりきっていたことです。

ですから、**21世紀の日本では「運用ありき」**なのです。

なぜ「投資信託」はダメなのか？

運用といってもいろいろありますが、私がオススメするのは断然、株式投資です。その理由は第2章で述べた通りです。

「株式投資がいいのだったら、それをプロが運用してくれる『投資信託』のほうがいいのではないか」と考える人もいると思いますが、正直、投資信託はイマイチです。「プロに任せて安心」などという宣伝文句に踊らされてはいけません。「プロはプロですから、しっかりと手数料を徴収していって、個人投資家には残りカスしか渡してくれませんよ」というのが、宣伝抜きの真実の言葉です。

さらには、投資信託を運用しているファンドマネージャーの多くが、悪い意味の「サラリーマン根性」で運用しています。すなわち、「自分のお金じゃないから、ノルマだけを達成すればいいや」という感じです。そして、ごく一握りの例外を除いて（しかも、その「ごく一握りの例外」の人は、どんどん独立してしまいます）、投資信託を運用しているファンドマネージャーは、私に言わせれば「素人同然」です。

ですから、そもそも「プロ（とは名ばかりで、実は素人同然）」に任せてはいけないのです。その証拠に、多くの投資信託の運用成績は、ちょっとプラスかマイナスです。そもそも、他人に任せっぱなしでうまくいくほど、世の中は甘くはないのです。

本書の第4章をきっかけとして、他にも株式投資に関する多くの書籍をお読みいただき、有料・無料のセミナーにも積極的に参加していただいて、ご自身の運用能力を向上させてください。

株式投資は定年のない「商売」です。良い品（＝株式）を、できるだけ安く仕入れて、仕入れ値よりも高く売る「商売」なのです。

株式投資は「ハードルの低い副業」である

前節で、「これからの日本の歩き方は、①本業②副業③株式投資の3本柱です」と書きましたが、ここで述べたように考えれば、株式投資も「副業」です。

「第二の副業」とも言えますし、株式投資関連の本を10冊くらい読むだけで、あとは200万円くらいの資金があれば開業できる「副業」です。

①本業――イヤじゃない仕事に！
②副業――少なくともイヤじゃないことで、得意なことを仕事に！
③株式投資――「第二の副業」として、一生やっていくもの
という3本柱が、21世紀の日本を優雅に生きていくための「ロールモデル」です。

2020年3月に、コロナショックで日経平均株価が大暴落をしました。2020年2月に約2万4000円だった日経平均株価が、一時的にとはいえ、1万6400円を割ったのです。30％以上のバーゲンセールでした。

この時に、個人投資家の証券口座開設数が激増したというニュースを耳にしました。株価が安くなった時に買うのは正解ですし、証券口座開設数が増えたこともいいことだとは思います。しかしそれと同時に、株式投資はチャンスの時に1回売買して、ラッキーな利益を得てオシマイではもったいないなぁ、とも感じました。

コロナショックで株価が安くなった時に証券口座を開設したことは正しい行動ですので、ぜひとも、それを契機に株式投資をライフワークとして続けてほしいものです。

「いつ始めるか」は大した問題じゃない

また、株式投資はライフワークとして続けるべきものなので、始め時は「いつでもいい」のです。リーマンショック（２００８年9月～翌年3月）やコロナショック（２０２０年2月～3月）のような大バーゲンセールは「10年に一度」しかやってきません。そんなものを待っていたら、いつになるかはわかりませんから、思い立ったら吉日です。

人生は、山あり谷ありですが、株式市場も山あり谷ありなので、いつから始めても、山もあれば谷もあります。とにかく、始めることです。それと、かつて株式投資をしたことはあるけれど、今はずっと何もしていない人も、心機一転、再起動をしてください。

私は証券会社の回し者ではありません。投資信託のことは、前にボロクソに書きましたし。でも、株式投資はぜひともライフワークとして続けてほしいと考えています。

それが、「ゆとりある老後」への道だからです。

以上、本章では、「60代を青春時代にするための3本の矢」と題して、これからの日本を生き抜き、豊かな老後に導くためのロールモデルについて述べてまいりました。そこでは「副業」と「株式投資」を当然のものとして実践していただくことをオススメしました。

では次章で、いよいよ株式投資の具体的なノウハウについてお話ししていきましょう。

第4章

「株式投資」の具体策
——「お金の安心」はこうして手に入れる

4-1

どの株を買えばいいのか――投資対象の絞り込み

年金代わりの資産運用術

この章では、老後のための資産形成と、老後にも続けて行う資産運用の具体策について解説していきます。

4－1で、基本コンセプトについて忌憚なく述べた上で、投資対象の絞り込みについて、そして4－2で目標の買い値について、4－3で売り値と重要な注意事項について解説していきます。

そして、4－4で「『退職後デイトレ』のススメ」と題して、老後の「ヒマだ病対策」としてのデイトレードのススメについて簡潔に書いてみます。

私はこれまでに20冊以上の株式投資関連の書籍を上梓してまいりましたし、2022年

３月にも前著『60歳までに「お金の自由」を手に入れる！』を上梓し、そこでも株式投資の具体的なノウハウについて述べてきました。

本章は前著の内容を更新し、発展させたものです。私の本をお読みになるのは本書が初めてだという方もいらっしゃると思いますので、本章ではこれまでの著作と重複する内容も書いてまいります。前著をお読みいただいた方は、復習の意味で読んでいただければと思います。

それでは、年金代わりの株式運用の基本コンセプトの話からしていきましょう。

「両取り」で運用利回り10％を目指す！

第２章でも述べた通り、本書が目指す株式投資での運用利回りは、配当利回りで３％、売却益で７％（いずれも税引き後）の10％を目標とします。そうすれば、老後の運用資金総額が５０００万円なら年額５００万円、１億円なら年額１０００万円の運用益が見込めますので、十分な老後の安心が得られるからです。

この投資法の特徴は、**配当の受け取りという「インカムゲイン」と、売却益という「キ**

ャピタルゲイン」を両方狙うことにあります。配当を受け取りながら、株価がある程度上昇して目標の株価に達したら売却して「キャピタルゲイン」も得ることによって、投資資金を育てていきます。

本章で解説する投資法は、老後に必要な資産（できれば1億円以上のまとまった資産）を形成するのにも役立ちますし、1億円以上といった、まとまった資産を創り上げたあともずっと続けていき、「インカムゲイン」と「キャピタルゲイン」を年金代わりに受け取っていくための投資法でもあります。

原則として「手取りで3％かそれ以上」の配当利回りを狙うことを前提とします。そのため、市場の低迷などによって株価が長期的に低迷した場合でも、「手取りで3％かそれ以上」の運用利回りを得ることができますので、じっくりと腰を落ち着けて投資することができます。

もちろん、「手取りで3％かそれ以上」の運用利回りが未来永劫続く保証はありません。リーマンショックやコロナショックのような大きな経済的なマイナス要因が勃発した際には、配当額が減額されることが実際に起こりますが、その際には、安値で買い増して株数を増やし、平均単価を下げることによって対応します。

安値で買い増しすることができるようにするためにも、３～５銘柄くらいに「分散して投資する」ことは基本です。３～５銘柄くらいに分散して投資しておくと、そのうちの一つの銘柄（銘柄Ａ）が、買い増しするに値するほどの安値になっている時に、他の銘柄（銘柄Ｂ）が高値（売り値）になっていて、その銘柄Ｂを売った資金で銘柄Ａを買い増しするということができる場合が多いのです。

もちろん、リーマンショックやコロナショックのような大きな経済的なマイナス要因が勃発した際には、持ち株がすべて安くなってしまうこともありますが、分散していないよりは分散しているほうが、ここで述べた「銘柄Ｂを売った資金で銘柄Ａを買い増しする」ということの可能性が増大します。

安全・安心な投資先を選ぶための基準

さて、いよいよ具体的な投資手法に入っていきたいと思います。

本書で紹介する投資法、すなわち「Ｐｒｏｆ・サカキ式投資法」は、私が長年かけて企業の財務データを分析し、さらには自分の資金をつかって実践を繰り返してきたことによって磨き上げてきた投資法です。

「Ｐｒｏｆ・サカキ式投資法」をものすごく簡単に表現すると、「より安全・安心な投資先を選び、その会社の株価が安くなって、一定の基準を満たしたら購入。そのまま保有し続けて配当（インカムゲイン）を得る。ただし、保有株の株価が高くなって、一定の基準を満たしたら売却して売却益（キャピタルゲイン）を得る」というものです。

ですので、銘柄選びに関しては、「安全・安心な投資先であること」が最優先されます。より具体的には、**「財務的に安全かつ健全な企業に絞ること」**です。

いくつかの基準によってこの財務安全性をスクリーニングし、基準に当てはまる企業のみを投資対象とするわけです。

その第一の基準は「東証プライム市場」に上場している銘柄であることです。２０２２年4月、長年親しまれてきた「東証一部」という名称がなくなり、「プライム市場」が誕生しました。厳密には旧東証一部市場とプライム市場では上場するための条件が異なるのですが、今はプライム市場に上場している企業こそが、日本の株式市場において最も信頼できる企業群であるといえます。

ちなみに同じ時期に東証二部やマザーズといった区分も廃止され、「スタンダード市場」と「グロース市場」が誕生し、合わせて三つの市場に分類されました。ただ、このうち「スタンダード市場」と「グロース市場」に上場している企業群は、株価形成が理論的ではないことが多く、株価も乱高下しがちなので、ここでは投資対象から除外します。

次に、プライム市場上場企業の中から、投資対象を「国際優良企業」と「財務優良企業」に絞ります。これはどちらも私の造語です。

「国際優良企業」とは日本を代表する国際的な大企業で、さらにその中で一定の基準を満たした優良企業のことを指します。

「財務優良企業」は、財務内容が非常に健全な企業群であり、後に述べる一定の基準を満たした優良企業のことを指します。

世界的に活躍する「国際優良企業」

まずは「国際優良企業」の基準についてです。

［国際優良企業の選別基準］
〈基準1〉毎年10月31日において、東証のＴＯＰＩＸ Ｃｏｒｅ30とＴＯＰＩＸ Ｌａｒｇｅ70に該当している大企業
〈基準2〉海外売上高比率が30％以上
〈基準3〉１日平均の売買代金が30億円以上
〈基準4〉ＢＰＳの値が５００円以上、かつ、自己資本比率が30％以上

この四つの基準をすべて満たす企業が「国際優良企業」として投資の対象となります。
東証の「ＴＯＰＩＸ Ｃｏｒｅ30」「ＴＯＰＩＸ Ｌａｒｇｅ70」とは、時価総額が大きく、流動性が特に高い30社と、それに続いて時価総額が大きく流動性が高い70社の計

１００社を東証が選んだ銘柄群です。

海外売上高比率は各企業の本決算（第４四半期決算）の決算短信や有価証券報告書に、「所在地別セグメント情報」の項目で載っていることが多いです。

基準３の「１日平均の売買代金が30億円以上」は、その企業が有名かどうかを見る基準として設けています。また、売買代金が少ないと売買そのものがしにくくなり、出来高が少ない銘柄の株価は、理論的な動きをしないことも多いので、投資対象から除外するのです。

基準４のＢＰＳというのは「Book value Per Share」の略で、「１株当たりの純資産」を意味します。各企業の純資産の額を発行済株式総数で割ったものです。株価が純資産に対して割高か割安かを判断する基準です。

投資未経験者の方には見慣れない用語もあるかと思いますが、これらはすべて、企業のホームページや「Ｙａｈｏｏ！ファイナンス」等の投資関係のサイトなどで確認することができます。

また、最近の証券会社のサイトでは、条件によって企業のスクリーニングができるところもあり、こうした機能も活用するといいでしょう。

抜群の安定度を誇る「財務優良企業」

続いて「財務優良企業」の基準です。

［財務優良企業の選別基準］
〈基準1〉プライム市場に上場している企業
〈基準2〉純資産額が500億円以上
〈基準3〉純資産額が1000億円以下の企業は、1日平均の売買代金が1億円以上
〈基準4〉BPSの値が1000円以上、かつ、自己資本比率が60％以上

基準1と基準2はまさに、財務の面から「安定性」を見たものです。純資産額が1000億円以下の企業は、その企業の株式の売買代金が少ないものもあるので、1日平均の売買代金での基準を設けています（基準3）。売買代金が少ないと売買そのものがしにくく、株価が理論的な動きをしないことが多くなるためです。

基準４にある「自己資本比率」とは、「自己資本（純資産）÷総資本（総資産）」で算出される値で、一般的には40％を超えていれば、財務的には健全であると考えられています。この比率は高ければ高いほど財務的な安全性が高いということで、ここでは60％という、かなり高めの基準を設けています。

これらも企業のホームページや「Ｙａｈｏｏ！ファイナンス」等の投資関係のサイトなどで簡単に調べることができます。

投資すべき「安定高配当企業ＴＯＰ10」はここだ！

さて、こうした情報はサイトで簡単に調べられるとはいえ、プライム市場に上場している１８００社以上もの企業のデータを調べるのは大変です。そこで、本書では基準を満たした企業を私のほうで選び出しておきました。巻末につけたのがその一覧です。

「国際優良企業群」が42社、「財務優良企業群」が１９９社で、このどちらかに属している企業が投資対象となります。実際には両方の基準を満たしている企業が13社含まれていますので、投資対象となるのは（42社＋１９９社－13社＝）２２８社になります。

この228社の企業の株価をチェックし、後述する基準に達したら売買を行うというのが、「Prof・サカキ式投資法」の基本です。

ただし、投資初心者の方にとっては「これでも投資対象が多い」というのが正直なところでしょう。そこで、この投資対象企業群の228社の中から、安定的に高い配当実績を示してきた企業群を10社に絞り込み、それを表1に示しました。これらの企業は**「安定高配当企業TOP10」**といえます。

配当とは株式を持っている人に対して企業が定期的に支払う金額のことを指し、まさに株主への利益の還元なのですが、「どのくらいの配当をするか＝どのくらいの利益を株主に還元するか」の方針は、企業によって異なります。そこで、これまで**安定的に高配当を行ってきた企業を選び、投資対象の中心に据える**のです。

この表1は2022年12月1日現在に作成したものであり、配当の安定度が高い順に配列してあります。1～3までの3社は「安定高配当企業BEST3」であり、配当利回り（株価に対する配当の割合）が高い時に、ぜひ買っておきたい銘柄群です。安定高配当の王道の企業です。

■表１　安定高配当企業の注目銘柄 TOP10

	Code	銘柄名	決算月	今期予想配当	2021年年初来安値	期待配当利回り ※注1	目標株価 ※注2	目標配当利回り	税引後利回り	ナンピン買いの株価
1	8130	サンゲツ	3	80	1,468	5.45%	**1,525**	5.25%	4.18%	**1,470**
2	4502	武田薬品工業	3	180	2,993	6.01%	**3,600**	5.00%	3.98%	**3,300**
3	5214	日本電気硝子	12	120	2,172	5.52%	**2,560**	4.69%	3.74%	**2,200**
4	1605	INPEX	12	60	539	11.1%	**800**	7.50%	5.98%	**700**
5	7751	キヤノン	12	120	1,876	6.40%	**3,000**	4.00%	3.19%	**2,400**
6	6417	SANKYO	3	120	2,577	4.66%	**2,600**	4.62%	3.68%	**2,500**
7	6592	マブチモーター	12	135	3,390	3.98%	**3,500**	3.86%	3.07%	**3,100**
8	7267	本田技研工業	3	120	2,743	4.37%	**3,150**	3.81%	3.04%	**2,400**
9	5108	ブリヂストン	12	170	3,307	5.14%	**4,500**	3.78%	3.01%	**3,500**
10	2914	JT（日本たばこ産業）	12	188	1,898	9.91%	**2,650**	7.09%	5.65%	**2,200**

データ更新日、配当確認日 2022/12/1

注１：この「期待配当利回り」は 2021 年初来安値 (A) に基づいて算出したものである。
注２：目標株価は 2022 年 12 月 1 日時点のものであり、時期によって変わります。
SANKYO はパチンコ産業。2022 年 3 月期減配／マブチモーターは 2021 年 12 月期の配当利回りが低い／本田技研工業は 2021 年 3 月期減配／ブリヂストンは 2020 年 12 月期減配／ JT はたばこ産業、上値が重たい

4～10までの7社は「安定高配当企業」ではあるのですが、コロナ禍によって減配した企業群です。コロナショックはリーマンショックと並んで、「10年に一度」の経済ショックですから、減配はやむを得なかったと考えます。

特に5の「キヤノン（７７５１）」は、２０２０年12月期に減配するまでは30年以上減配がなかった「配当重視企業」ですから、業績が回復すれば、配当を増額することが期待できます。

ちなみに1のサンゲツは自己資本比率が基準を少しだけ割っていますが、配当の安定性が抜群なので、投資対象に加えています。

その他いくつかの銘柄について、以下で簡潔にコメントします。

4の「INPEX（旧：国際石油開発帝石）（1605）」は、2020年10月までは国際優良企業群に属していましたが、2020年10月にTOPIX Large70から除外になったため、国際優良企業群から外れました。しかし、「JPX400」には該当しているため、当面は投資対象企業に残しました（ただし、原油価格の高騰を反映して、この企業の株価は2022年12月現在、かなり高くなってしまっていますので、当面は買いを見送ります）。

6の「SANKYO（6417）」はパチンコ産業に属する企業なので、定性的な意味で好き嫌いがある銘柄です。また、この企業は、ついに2022年3月期の配当を減配しました。

10の「JT（2914）」は、配当利回りが非常に高い状態が続いていますが、たばこ産業の代表企業であるという定性的な理由で、株価の長期下落が続いています。6の「SANKYO」と同様に、定性的な意味で好き嫌いがある銘柄です（ただし、この企業は2022年10月末日に大幅な増配を発表したため、株価が2022年12月現在、かなり高くなってしまっていますので、当面は買いを見送ります）。

この表１は安定高配当企業のリストですが、執筆時以降の株価や配当利回りは加味されていません。私自身は株価や配当利回りを加味した表を随時作成しているのですが、これは時間が経つと内容が変わります。株価が刻一刻と変化するからです。

4-2

目標株価の決定——いくらで買えばいいのか

「いくらで買うか」の目標株価を決めておく

さて、ここまでの基準で選び抜かれた投資対象企業228社、中でも安定高配当企業TOP10こそが、「買うべき銘柄」ということになるのですが、これらの企業の株を今すぐ買えばいい、というわけではありません。

前述したように、株価は刻一刻と変化します。その中で**あらかじめ決められた「目標株価」に到達した時こそが「買い」のチャンスとなります。**

「買い」の目標株価についてですが、過去5年間の週足チャートを参照しながら、「過去5年間に2~5回程度示現している安値圏」を探し、その中でもあまりカツカツの最安値ではない安値（=実際に買えそうな範囲の安値）を「目標株価」のメドとします。

また、「目標株価」は次の二つの条件を満たす範囲の株価とします。

条件１：昨年来安値よりは高い株価。

条件２：配当利回りが原則として「３・75％以上」になる株価。ただし、直近の年度で減配した企業は、減配前の配当額で配当利回りを計算して、それが「３・75％以上」になればよいこととします。

ここで大事なことは、**極端に低い株価（すなわち5年間に1回だけついた大底の株価）を「目標株価」にはしない**ということです。もちろん、5年に一度クラスの大底で買うことができればより大きな値上がり益が期待できますが、そのようなチャンスはなかなか訪れません。

ですから、目標株価はあくまでも「過去5年間に2～5回程度の頻度で示現したことのある安値圏」にしておくのです。

そして、5年に一度クラスの大底が訪れた場合に備えて、次に説明する「ナンピン買いの株価」を決めておくのです。

実は非常に重要な「ナンピン買い」

ここでいう「ナンピン買い」とは、買った株の株価が下がった時に買い増しをすることをいいます。「Ｐｒｏｆ・サカキ式投資法」において、**ナンピン買いは利益を得るために重要な手法です。**

表1に示されている「ナンピン買いの株価」というのは、まさに「大底圏の株価」です。「過去5年間に1回示現しているかいないか」くらいのカッカツの最安値をナンピン買いの株価のメドとしています。一度購入した株がさらに下がっていき、この基準に達した時にはナンピン買いを行って、株を買い増すのです。

巷では、「ナンピン買いはタブーだ」という言説をよく耳にします。株価が下がった時に買い増しをしていって、株価がずっと下がり続けると、評価損がどんどん膨らみ、痛手が広がる一方だから、ナンピン買いはしてはいけないというのです。

しかし、私はこの説に真っ向から異を唱えます。

■ダメなナンピンの例

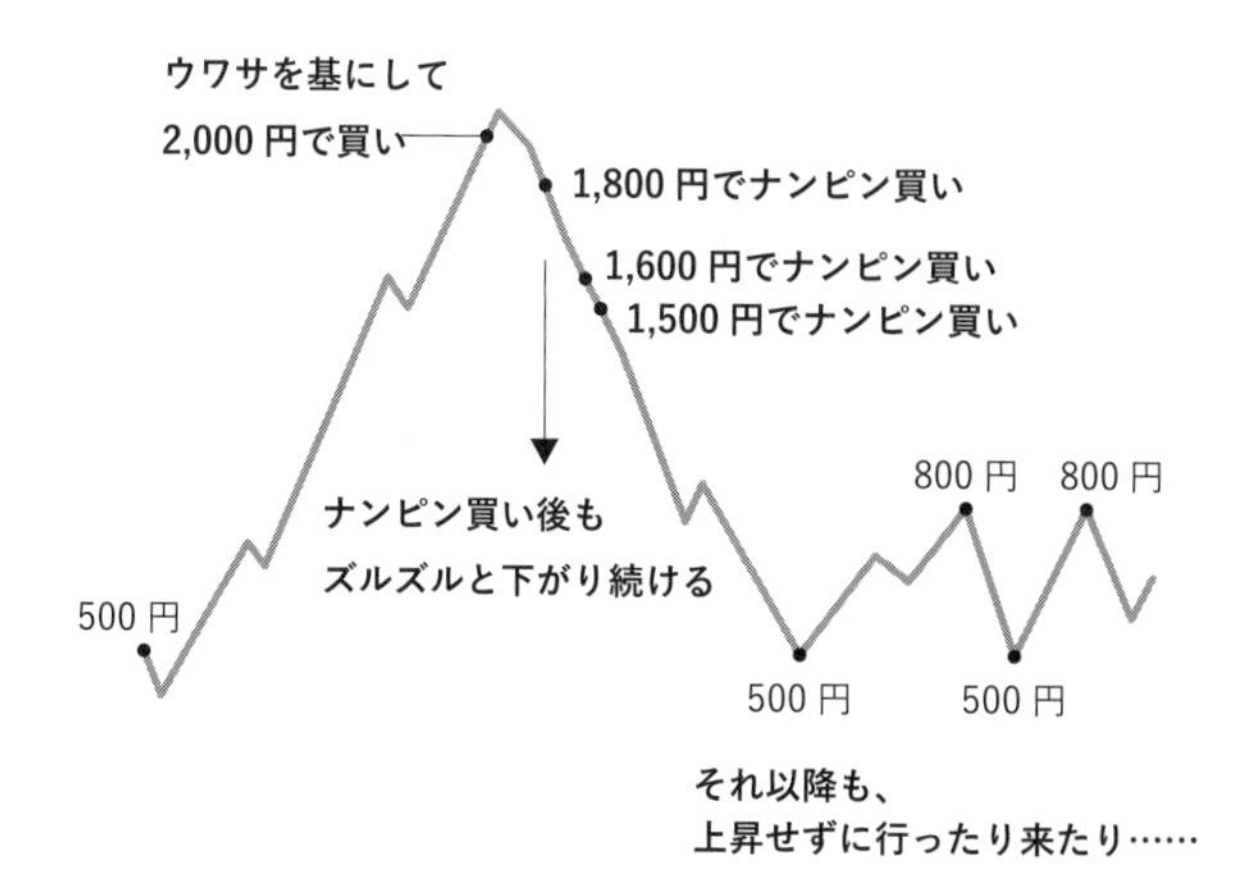

まず、「ナンピン買いがタブー」なのは、噂や思い込みだけを根拠に、すでに高くなってしまっている株を買った場合です。たとえば、次のようなケースが典型的な「ダメなナンピン」です。

１年前には株価がほんの５００円程度だった会社が、なんらかの理由で脚光を浴び始め、その噂を聞いた時には株価はもう２０００円まで上がっていた。しかし、噂では「株価は３０００円にも４０００円にもなるぞ！」ということだったので、２０００円で買ってみた。そうしたら、２２００円くらいまでは上がったけど、すぐに下がり始めてしまい、慌てて１８００円でナンピン買い。１６００円でも1500円でもナンピン買い。

結局、株価は元の木阿弥(もくあみ)の500円まで下がり続け、リバウンドも800円までで、以降ずっと株価は「500～800円」の間を行ったり来たり。

さて、この会社の株を2000円で買い始めた根拠はなんですか？

1800円と1600円と1500円でナンピン買いをした根拠は？

少なくともこれらの問いに明確に答えられない（噂と思い込みだけだった）のであれば、まさに「ナンピン買いはタブー」です。そして、世の中の多くの個人投資家は、こういった感じになりやすく、ナンピン買いで痛い目をみたので、「ナンピン買いはタブーだ」という言説が流布されるのです。

優良企業にしか投資しないことが重要

一方、私の投資法の中でも、この「安定高配当企業への投資法」はガチガチに理論武装しています。1800社以上ある東証プライム市場に上場している企業の中から、前述の基準で国際優良企業と財務優良企業だけを228社（2022年12月1日時点）選び出しているわけですが、これはつまり、東証プライム市場の中で上位約12％の優良企業だということです。さらにそこから、安定高配当を重視している企業という条件で10社に絞り込んでいます。

これだけの条件で絞り込んだ企業の株を、目標株価すなわち過去数年間の中で明らかに安値圏であろうと考えられる株価で買い始めるわけですが、実際には買ったあとにさらに値下がりすることもあります。いくらガチガチに理論武装しているとはいっても、将来の株価や減配の可能性までは正確には予測できないからです。

ただし、元々優良企業ですから、いずれ株価は再び上昇に転じると考えられます。そもそもこの投資法は配当の受け取りも重視しているので、投資期間は年単位です。長期的なスパンで考えれば、こうした優良企業の株価が下がりっぱなしになるようなケースはほとんどありません。実際、過去20年以上の事例でも株価が下がりっぱなしになるケースは今までは皆無でしたし、今後も、普通に考えれば、ありそうもないです。

そこで、大底の株価だと思われるところでさらに株を買い増すことで、利益を最大化するというのがこの「ナンピン買いの株価」なのです。

減配リスクを勘案しても、この「ナンピン買いの株価」は、「ぜひとも買っておきたい底値圏の株価」です。

「最初に買った株価のままずっと持ち続けて、その買い値以上になるケースが100％か？」と問われれば、答えは「ノー」です。しかし、ナンピン買いをしておけば、その後、最初に買った株価までは到達しなくても、ある程度上がったところで売却することでキャピタルゲインを得ることは十分可能なのです（単純な数値例で言えば、1000円で1000株買って、800円で1000株ナンピン買いしていれば、950円に戻るだけで、キャピタルゲインが得られます）。

ですから、ナンピン買いは「重要な投資戦略の一部」なのです。きちんと理論武装して、**安値圏で買い始めたにもかかわらず、さらに安くなった場合は、ナンピン買いを「しなければならない」**のです。

これが巷に流布している「ナンピン買いはタブーだ」という言説に真っ向から異を唱える理由です。ご理解いただけましたでしょうか。

4-3

売り値の決定――いくらで売ればいいのか

株価が上がったら売却してキャピタルゲインを得る

「Ｐｒｏｆ・サカキ式投資法」は、安値で買った株を長期保有してインカムゲイン（配当）を得るとともに、株価が上がったら売却してキャピタルゲイン（売却益）を得るという二段構えの投資法です。

では、購入した株がいくらになったら売るべきなのか。この節では、売り値の決定方法と具体的なイメージについて、簡潔に解説していきます。

本書で解説する投資法は、私が「パッシブ投資」と名づけたもので、より詳細な内容を知りたい方は私の別の著書をお読みください。ここではごく概略的に解説するにとどめます。

売り値の基準は「買った時の金額」ではない

最終的な売り値は、次の順番で求めます。

① 最初に買った時の目標配当利回りを記録しておく。これを「A%」とします。
② 買った前後に示現した最安値を記録する。これを「B円」とします。
③ 最終的な売り値は、「B円×（1+A%×10）」です。

これだとわかりにくいので、イメージしやすくなるように、具体的な数値例を用いて説明します。

① 最初に買った時の目標配当利回りを（キリのいい数字で）「4・0%」とします。たとえば1株当たり100円の配当を予定している企業の株を2500円で買うとします。

②　買った前後に示現した最安値が「２０００円」だったとします。
③　最終的な売り値は、「２０００円×（１＋４・０％×10）」
＝２０００円×（１＋40％）
＝２０００円×１・４＝２８００円　です。

ここで気をつけなければならないのは、最終的な売り値の計算の基準となる株価は、自分が買った時の株価（２５００円）ではなく、「買った前後に示現した最安値（２０００円）」だということです。自分が買った時の株価で計算しそうになるので、注意が必要です。

なぜこのようにして売り値を決めるのかというと、過去の膨大な事例を検証した結果、中長期的にはほぼすべての銘柄が、この基準を満たす株価までは到達していることがわかっているからです。

なお、当初に想定していた「ナンピン買いの株価」まで下がって、ナンピン買いをした場合も、売り値の計算は「最初に買った時の目標配当利回り」を基準にします。

この最終的な売り値の決定方法は、標準的な売り値の決定方法です。ですから、初心者から中級者の前半くらいまでに位置する投資家は、高配当を受け取りながら、この最終的な売り値になるまで保有し続けて、最終的な売り値になったら売って、キャピタルゲインを実現させることになります。

最後に「目標配当利回り」の決定方法についてですが、目標配当利回りは原則として「少なくとも3・75％」とした上で、個別の銘柄に固有な「過去の安値における配当利回り」を参照して決定します。

そういう意味では、目標配当利回りと目標の買い値は、同じような手順で決定します。目標の買い値も「過去の安値」を参照して決定しますし、目標配当利回りも、「過去の安値における配当利回り」を参照して決定するからです。

そして、過去の安値における配当利回りを参照して目標配当利回りを算出して、それが「3・75％」よりも明らかに低い場合は、投資対象としないのです。

中級者と上級者は「ディーリング商い」でさらなる利益を

中級者の後半から上級者に位置する投資家の場合も、最終的な売り値の決定方法は同じです。ただ、応用的な手法として、次のようなことも実践していきます。

すなわち、最終的な売り値になる前にも、「ある程度の高値」になったらいったん売って利益を確定します。そして、「売ったよりも安く」なったら再び買って、また「ある程度の高値」になったらいったん売って利益を確定します。そして、最終的な売り値になるまでこれを繰り返すのです。

そうすることで、キャピタルゲインの総額を増やすことができます。こういった取引を「ディーリング商い」といいます。

「ある程度の高値」がいくらなのかというのはケースバイケースですが、主に、過去のチャートから「上値抵抗線」（これ以上大幅には上がりそうもない一定の水準）を見つけ出して、その少し手前で売ります。上値抵抗線の詳細な説明は省きますが、それを見つけ出すためには中級の後半以上のスキルが必要です。

一方、「売ったよりも安く」に関しても、過去のチャートから「下値抵抗線」（これ以上大幅には下がりそうもない一定の水準）を見つけ出して、その少し手前で買います。

基本的に、株価が中長期的に「右肩上がりをすること」を想定しているわけですから、前回買った時よりは高く買い戻すのが普通です。売った時の株価から、少なくとも往復の手数料以上に下がったところで買えば、正解です。

ディーリング商いの落とし穴

ただし、この応用的な方法には落とし穴もあります。それは、
① 売った時よりも安く買い戻せなくなることがあるということ
② 売ってから、次に買うまでの間に配当の権利付き最終日を挟むと、配当を受け取れなくなること
の2点です。
①については、「ある程度の高値」だと考えたので売ったが、その予測に反して売ったあとも大きく上がってしまった場合に起こることです。

このディーリング商いは、自分の予想が的確であればキャピタルゲインの額が増えるというリターンがある半面で、予想をハズせばキャピタルゲイン総額が当初の期待よりも少なくなってしまうというリスクも負っているわけで、当たり前といえば当たり前ですね。

②についてですが、配当をもらうためにはあらかじめ設定されている配当の「権利確定日」の2営業日前の時点（権利付き最終日）で株式を持っていなくてはなりません。もし、売ってから次に買うまでの間に配当の権利付き最終日を挟むと、配当を受け取れなくなります。

ただ、その分、権利落ちによって理論株価が下がるはずですから、受け取れなかった配当の分も織り込んで、それ以上に安く買い戻すことができれば、結果的には正解にもできます。

1回1回のディーリング商いで得られる金額はあまり大きくないかもしれません。ただ、安定高配当企業への投資法は、投資資金を1億円とか2億円まで増やしてからも実践し続けることを想定していますので、1銘柄に投じ込む金額も大きくなります。1万株は当たり前で、多い時は数万株になることもあるでしょう。投資額が大きければ、このようなディーリング商いを行うことで大きな差益が得られる可能性があるので、一定のメリットが生まれます。

前述のようにディーリング商いには、利益額を減らしてしまうリスクもあります。ですから、保有株の一部だけを「ディーリング商い」の対象にするのもよいでしょう。

重要な注意事項――「銘柄の分散」と「上限額の設定」

ここで重要な注意事項について簡潔に述べておきます。それは「銘柄の分散」と「上限額の設定」です。

投資対象とする銘柄の数は、「少なくて3銘柄、多くても7銘柄まで。標準的には5銘柄程度」とします。1銘柄や2銘柄では「分散のメリット」を得られませんし、7銘柄を超えると、人間の注意力が散漫になるといわれているからです。

また、銘柄数だけではなく、「上限額」も設定しておくのが適切です。

たとえば投資資金の総額が1億円ならば、銘柄数をたとえば4銘柄と仮定して、1銘柄当たりの上限を「2500万円」とするという感じです。また、投資資金の総額が2億円ならば、銘柄数をたとえば５銘柄と仮定して、１銘柄当たりの上限を「４０００万円」とするということになります。

要するに、投資資金を適度に分散させて、特定の銘柄に偏りすぎないようにすることが大事なのです。

投資を始めた初期の段階では、投資資金の規模は１００万～２００万円から、多くても１０００万～２０００万円といったものでしょう。ただ、この投資法では最終的には１億～２億円といった規模の投資資金を扱うことを前提としています。そうなると、「銘柄の分散」と「上限額の設定」は決定的に重要になってきます。

4-4

「退職後デイトレ」のススメ

定年後に始めた「デイトレ」で大儲け!?

私は、2021年8月から株式投資のデイトレードを始めました。デイトレード、俗に言う「デイトレ」とは、1日のうちに短期の売買を繰り返して稼ぐという投資手法のことを指します。

本業であった大学教授の仕事を2021年3月末に自主的に早期退職し、その年の7月末までは、なんとなくおもしろおかしく過ごしていました。「春休みがなかなか終わらないな〜、と思っているうちに夏休みになってしまった」という感じです。大学教授の仕事には毎年、長期的な休暇（夏休み・冬休み・春休み）がありますので、退職後も4カ月くらいの間は、毎年の長期休暇を過ごすような気分で過ごしていたのです。

しかし、２０２１年８月１日の夜に入っていた食事会のアポイントを最後に、手帳の予定表が「年末（手帳の終わり）まで真っ白！」になったのです。「長期的な休暇の過ごし方は身についている」はずの私もビックリするほどの「真っ白具合」でした。

そこで、８月２日に久しぶりに朝早く（といっても、８時半頃ですが。苦笑）に起きて、「ヒマだから、デイトレでも、やってみようか」と思いついて、その日１日、株式市場を睨み（にら）ながらシミュレーション的な仮想トレードを繰り返してみました。

そうしたら、意外とうまくいくので、翌日から実際の売買をデイトレとして始めてみました。

すると、なんと連日、めちゃくちゃ高額の利益を得られるようになりました。以来、現在までの１年４カ月、ほぼ毎日デイトレをしてきました。１年４カ月間で３００日を超える株式市場の営業日の中で、日次の損益がマイナスだったのは２日しかなく、その２日も、デイトレではなく、長期保有の塩漬け株を処分したことによるものだったので、**デイトレとしては300戦ほどして、実質的には「無敗」です。**

所得という意味では、青山学院大学の教授時代にいただいていた手取り年収の数倍を稼ぎ出すようになりました。本業を退職したあとに年収が数倍になるというのは、極めて異例なことですが、次に明かす**「老後のデイトレに成功するための四つの条件」**を満たしている方であれば、私と似たような体験ができるのではないかと考え、この節を書き加えることにしました。

ただし、「年収が数倍になった」とはいっても、老後のデイトレの目的はお金をたくさん稼ぐことではありません。主な目的は「ヒマだ病対策」です。

前にも述べたように、老後に何もやることがない生活ほど、悲劇的なことはありません。そのために本書では副業をオススメしているのですが、このデイトレもまさに「老後の副業の一つ」として検討してみていただきたいのです。

「退職金で株式投資デビュー」は御法度だけど……

巷では、「老後には、大事なお金をリスクにさらしてはいけないから、株式投資はしないか、投資する比率を下げましょう」といった言説がまかり通っています。でも、果たしてそれは正しいのでしょうか。

確かに、「退職金で株式投資デビュー」は御法度です。退職金でいきなり大金を手にして、株式投資の経験もないのに、それを一気に株式投資の資金に注ぎ込み「デビュー」するのは、ダメに決まっています。失敗が目に見えています。このことについては、前にも述べました。

しかし、「老後は、株式投資はしないようにしましょう」という主張の根拠が、私には理解できません。「株は怖い」とか「歳を取ったら、（取り返しがつかないから）リスクを避けましょう」とかいうことを考えるような人は、老後ではなくても株式投資はしなければいいのではないでしょうか。ただし、21世紀は「運用なしには生き残れない時代」ですけど（ちょっと辛口）。

私の経験からは、老後になるまでに10年以上の「充実した株式投資経験」があるならば、株式投資は、老後にはむしろ積極的に実践したほうがいいとすら思います。老後だからこそ、株式投資の勉強と実践に専念できますし、「認知症防止」にもなります（なお、ここでいう充実した株式投資経験とは、「株を買って、ほったらかしにしていた期間は含めず、株式投資にしっかりと向き合って、多くの研鑽を積んだ経験」を意味します）。

「老後のデイトレに成功するための四つの条件」は以下になります。

①「十分な時間」――平日、8時45分~15時15分まで、ほぼ毎日「時間」が取れること

②「十分な資金」――株式投資用の資金が少なくとも「3000万円以上」と、それ以外の資金が少なくとも「2000万円以上」あること

③「十分な経験」――株式投資に関する十分に充実した経験が、少なくとも「10年以上」あること

④「欲張らない」――絶対に欲張らないこと

では、以下で一つずつ解説していきます。

条件1「十分な時間」――これこそ「60代」の最大のメリット

平日、8時45分~15時15分まで、ほぼ毎日「時間」が取れることが最初の条件です。そしてこれこそが、定年後の人が得られる最大のアドバンテージです。

株式市場は9時~15時までですが、朝は8時40分に起きて45分からは前日のNYダウやシカゴ市場の日経平均先物の値をチェックしたり、今日の寄り付きで売買する注文を出し

たりします。

また、15時に株式市場が終わってから15時15分までは、その日の取引の記録を整理します。その日の多くの取引記録をチェックして、損益や終値を記録します。

このように、昼休憩の1時間を除いて5時間半が拘束時間ですが、実際に相場と対峙しているのは1時間程度です。あとは場中にも取引を記録する時間が1時間くらいはありますが、あとの3時間半は「待機時間」で、私の場合は、原稿やメールを書くといった他のことをやりながら（他にも、よくやるのはパソコン上でゲーム。苦笑）、相場を観ているといった感じです。今、この原稿もそういった待機時間に書いています。

この1年4カ月の総平均で、1日の利益が税込みで約30万円強（税引き後で約24万円）です。前述のように実労は2時間程度ですので、**時給にすると手取りで「約12万円」になります。**私の資金規模はかなり大きいので、こういった「ケタち（「桁違い」の現代語）」な金額になりますが、たとえば３０００万円（＋予備の資金２０００万円）くらいの資金総額であれば、「時給約1万２０００円」（日当にして、毎日約2万４０００円）を得ることとは十分可能だと思います。これを副業と考えれば十分すぎるくらいの利益でしょう。

ただし、一つ重要なことがあります。それは**「できるだけ毎日、取引をする」**ということです。「時間のある日だけやろう」というのでは、うまくいかないと思います。「相場勘」が鈍るからです。

ただでさえ、土日と祝日は株式市場が休みなので、その間は「相場勘」が鈍ります。ましてや、「ヒマな日だけ、やってみようか」では、お話になりません。

とはいえ、市場が終わったあとは、株式投資のことは一切考えません。デイトレをしている人の中には、15時に市場が終わったあとも1日中、株式投資のことばかり考えている人もいるそうですが、少なくとも私に関してはそんなことはありません。

ときどき、その日に売り残してしまった株（日経平均株価に連動するETFが主です）をPTS市場（時間外取引市場）で売ることがあるので、スマホで売り注文を出すことはありますが、それは週に1回あるかないか、くらいです。

あとは、やはり週に1回程度、注目銘柄のデータ整理をすることがありますが、それに要する時間は、1回1時間くらいです。

また、デイトレーダーがパソコンのモニターを六つくらいセットして、いろいろなデータを表示している映像もよく見かけますが、私はそんな必要を感じていません。私の画面は2画面だけです。1画面が証券会社のページで、もう1画面が株価チャートです。そして、どちらかの画面に「パソコンゲーム」も重ねて立ち上げて、待機時間にはゲームをしています（このように、お気楽な感じですが、しっかりと稼げています）。

情報収集に関しても、テレビ東京系列のニュース番組「ワールドビジネスサテライト（WBS）」を毎日観るくらいです。それも興味のない報道を飛ばしながら、録画を倍速再生で観れば、1回の放送を20分以内に観終えられます。

デイトレというと「1日中株価に振り回されるハードな仕事」と思われる方も多いかと思いますが、そんなことはないのです（私には「仕事」の感覚すらもなく、「平日の昼間がヒマだからやっているだけ」です）。

条件2「十分な資金」――1回の利益が少額だからこそ

二つ目の条件は、株式投資用の資金が少なくとも「3000万円以上」あることと、それ以外の資金が少なくとも「2000万円以上」あることです。

デイトレでは、最短では秒単位で何度も取引を繰り返します。また、売買の値幅も5円や10円くらいの少額であることがザラです。そうなると、小さな資金では手数料だけで利益が圧迫されてしまいます。

ただ、投資金額が大きければ、手数料の負担は相対的に減ることになります。たとえば1株の株価が1万2000円台の銘柄を1ユニット当たり1000株で売買します。そうすれば、売買の値幅は5円でも、1回転で5000円、売買の値幅が10円だと1回転で1万円の利益が得られます。

これらを考えると、株式投資用の資金は少なくとも「3000万円以上」あることが必要なのです。

また、回転売買をするためには、どうしても「信用取引」の口座を開設する必要があります。信用取引には「追加保証金」というややこしくて、とてもリスキーな制度があるのですが、「それ以外の資金」の2000万円はその追加保証金のための予備的資金です。

この予備的資金は、よほどのことがない限り、株式投資に使用することはありませんが、そもそも自らの金融資産の全額を株式投資に投下するのは、ポートフォリオ（資産分散）理論の観点からも妥当ではないので、予備的資金を持っておくことは必須です。

本書では信用取引の詳細については述べませんが、デイトレをするには少なくとも投資経験が10年は必要だと申し上げたのは、デイトレにはこの信用取引の制度を熟知しておかなくてはならないからです。**「信用取引」については、初心者はもちろん中級者も御法度です。**

ちなみに私の証券口座はＳＢＩ証券ですが、同社は信用取引の取引高が一定額以上であるなどの所定の条件を満たすと、売買手数料が無料になります。ですから私は、売買手数料は無料で取引をしています。これもまた、「十分な資金」のメリットと言えるかもしれません。

なお、金利はかかりますので、毎月かなりの額の金利を支払っていますが、もちろんこの支払い金利は、毎月の利益の数％にしか過ぎません。

条件3「十分な経験」――今から知識を蓄えておこう

ここまでの二つの条件については、「若くして、いわゆるFIREをした人」も条件を満たす人も多いと思います。ここまでだけであれば、要は「時間」と「お金」さえ十分にあればいいわけですから。

しかしながら、若い人には満たしにくい条件がこれから紹介する条件3と条件4です。

三つ目の条件は、「株式投資に関する十分に充実した経験」が、少なくとも「10年以上」あることです。願わくは「20年以上」ほしいです。

「株式投資に関する十分に充実した経験」とは、文字通り「十分に充実した経験」でなければなりません。何かのきっかけで一つの株式を買って、それをずっと保有し続けただけ、というような経験は「十分に充実した経験」には該当しないというのは前述した通りです。

「十分に充実した経験」とは、株式売買の経験はもちろんのこと、株式投資関連の書籍を何冊も読み、セミナーなどに通い、自律的に、かつ熱心に株式投資の勉強と実践を行った経験のことをいいます。そういった期間が、少なくとも10年以上ないと、なかなかうまくいきません。

デイトレは、小手先の技術もさりながら、日本株市場全体の相場の読みや、臨機応変の判断など、まさに経験がモノを言う世界なので、この十分な経験が重要な条件になるのです。

この「十分に充実した経験」という条件は、若い人では満たしにくいです。FIREを目指して25歳くらいから株式投資の経験を積んできて、現在35歳以上になっている人は、この条件を満たすことになりますが、このくらいの年齢だとやはり20年の経験はほしいところなので、45歳まではデイトレには手出し無用です。

一方、ある程度の年齢を重ねた人なら、最低10年の経験でもなんとかなると思います。現在40～50代で投資未経験の方はぜひ、今から経験を積んでいってほしいと思います。

条件4「欲張らない」——ガツガツしなくても十分儲かる

前述したように、デイトレでの1回転で得られる利益はごく少額です。それを何度も繰り返すことで利益を積み上げていくのであって、1回転で大きく稼ごうと考えると痛い目をみることになります。大きく稼ぐためには値動き（ボラティリティ）の大きな銘柄に投資する必要がありますが、そうした銘柄は大きく上がる可能性があると同時に、大きく下がる可能性があるからです。

ですから、絶対に**「欲張ってはイケナイ」**のです。

また、欲張ると、ついつい買い込みすぎてしまって、信用取引に固有の「追加保証金」の対象となってしまい、破綻するリスクもあります。ですから、くれぐれも欲張らないことが重要です。

要するに、老後のデイトレは、「儲けよう！」と意気込んではいけないのです。あくまでも、「ヒマだ病対策」として、**「ヒマだからやっているだけだ」**という基本を忘れないようにしましょう。

先ほど述べたように、私はこの1年4カ月で300戦以上して実質的には無敗ですし、（予備的資金を除いた）総資金に対して「年率で約24％（税引き後の手取りベース）」の利回りを達成しています。「年率で24％」ということは、総資金額が3000万円でも年間720万円、1億円なら年間2400万円もの手取りの利益を得られることになります。欲張らなくても、これだけの利益が得られるのですから、欲張るのはやめましょう。

なお、「年率で24％」というのは利回りとしては驚異的な額であり、「うさんくさい」と思う人もいるかもしれません。事実、運用利回りというのは通常「5～10％」というのが適正であり、私自身、デイトレを始める前の利回りは、リーマンショックやコロナショックを含む15年間の平均値で、およそ「手取りで7％」くらいでした。

それでもこれだけの利回りが得られる理由を、私は「1日数時間PCに向かって働いていることに対する労働所得」が加味されているのだと思っています。つまり、24％のうち17％は「労働所得」であり、それに7％の「資産所得」が加わって24％になる、という感じです（ただし、この労働所得の背後には、「資金力」があることはもちろんです）。

そう考えればこの24％という数字もあまりおかしなものには思えないと思うのですが、

いかがでしょうか。

「デイトレ向け」の銘柄とは？

それでは本章の最後に、老後のデイトレの具体的ノウハウについて、その概要を開陳します。ただし、具体的ノウハウについて詳しく解説しようとすると、それだけで1冊の本になってしまいますので、ここではあくまでも「概要」だけをお伝えします。

「私は、こうして、老後のヒマだ病対策に成功しつつ、日々稼ぐことができています」という「老後を迎えた人、必読」のノウハウです。

まずは「どんな銘柄に投資すべきか」です。

デイトレをする人のほとんどが、投資対象銘柄として、「いかにもデイトレ向けの銘柄」を推奨しているようです。すなわち、「1日の値動き（ボラティリティ）が大きい銘柄群」です。

しかし、私の考え方はこれとは一線を画しています。なぜなら、そういった「デイトレあるある」の銘柄の選び方そのものが、「欲張っている」からです。「少しでもたくさん稼ごう」と考えるから、1日の値動き（ボラティリティ）が大きい銘柄群を選ぶわけですね。言葉を選ばずに言ってしまえば、それは「さもしい」考え方です。そういう選び方をしてしまうと、壮絶な暴落に見舞われてしまった場合に、再起不能の大失敗を起こしてしまい、株式市場からの撤退を余儀なくされてしまいます。それこそ、老後の資金が台無しにもなってしまいます。

先ほど述べた「欲張らないこと」は、ここでも重要な意義を持っています。

私の「老後のデイトレ」の投資対象銘柄群は、この章の4－1で解説した「国際優良企業」「財務優良企業」といった銘柄群です。主に、投資対象企業全228銘柄の中から選んだ安定高配当10銘柄＋αと、日経平均連動型ETFを1銘柄の十数銘柄です。

つまり、投資対象企業群の中でも、中長期でみて安定的に高配当である銘柄を選び、それらの銘柄を「超短期」で売買するのです（「超短期」とは、数秒～2日くらいまでを意味します）。

これなら、もしも高値づかみになってしまってデイトレ的には失敗しても、中長期で保有しておけば配当が得られるので、税引き後で3～4％の運用ができるのです。

私がデイトレに用いている具体的な指標

デイトレに用いる指標は、「1分足の株価チャート」と「1分足のRSI」と「1分足のストキャスティクス（ファースト）」です。

もちろん、事前に「週足と日足」の「株価チャート・RSI・ストキャスティクス（ファースト）」も参照しますが、取引時間中に見るのは、主に「1分足」です。たまに、「日足」も見ます。

このように、株価チャート・RSI・ストキャスティクス（ファースト）といったテクニカル指標を中心に取引の意思決定をするわけですが、もちろん事前に、「株式市況」や「個別企業の財務データ」といったファンダメンタルズも調べておきます。そして、「今が安値圏だ」と判断できる銘柄しか投資対象にしません。

デイトレはあくまで上級者向けということで、これらの用語の説明は省かせていただきます（ネットで調べればすぐにわかるはずです）。

「老後にデイトレなんて、とんでもない！」のウソ

「老後にデイトレなんて、とんでもない！」というのが、たぶん通説だと思います。しかしそれは、株式投資のことをよく知らない人が多いからこそ言われているのだと思います。

この節でお示しした「四つの条件」を満たすことができるのは、多くの場合、「老後」しかないのです。もう一度、「四つの条件」を列挙します。

①「十分な時間」――平日、８時45分～15時15分まで、毎日「時間」が取れるのは、一部の例外を除くと、老後だけです。

②「十分な資金」――株式投資用の資金が少なくとも「３０００万円以上」と、それ以外の資金が少なくとも「２０００万円以上」あるのも、多くの場合、老後を迎えた高齢者です。

③「十分な経験」――株式投資に関する十分に充実した経験が、少なくとも「10年以上」

あるのも、多くの場合、老後を迎えた高齢者です。

④「欲張らない」——人生の終盤を迎え、ある程度まとまったお金を持っていると「欲張らないこと」は、わりと達成しやすいです。たとえば2億円も持っていれば、もうこれ以上ガツガツ増やす必要はないので、自然と欲張らなくなります。

ですから、本業を退職して老後の生活に入った人こそ、この節で解説した「老後のデイトレ」を実践するのに最もふさわしいのです。「老後のデイトレ」を堅実に実践すれば、豊かで実りある老後が手に入ります。

そして、老後を迎えるまでまだ長い年月がある方は、ぜひとも「株式投資に関する十分に充実した経験を少なくとも10年以上」積んでください。それが老後のお金のさらなる安定をもたらすとともに、一生続けることのできる魅力的な「副業」ともなるのです。

第5章

「理想の60代」の過ごし方
——お金と仕事の安心を手に入れる

「完全リタイア」は絶対にしてはいけない！

私は、前著である『60歳までに「お金の自由」を手に入れる！』において、「ＦＩＲＡ60」という生き方を提唱しました。「ＦＩＲＡ60」というのは、「Financial Independence: Retire Around 60」の略で、「60歳前後までに経済的自立を達成して、引退すること」を意味しています。

すでに述べたように、私は２０２１年の３月末に満59歳と９カ月で、本業であった青山学院大学の教授職を自主的に引退しました。この部分の原稿を執筆している２０２２年12月の時点で、引退してから約１年９カ月が過ぎました。

現時点において、ものすごく強く実感していることは、

「本業を引退してもいいが、完全なリタイアをしてはイケナイ！」

ということです。本書を書いた最も大きな動機は、それを伝えることです。

私が本業を引退してからの１年９カ月については、これまでにも少し述べました。

本業である大学教授を自主的に引退して以降、お気楽だったのは、ほんの数カ月後まででした。2021年8月1日の夕方に入っていたアポイントを最後に、スケジュール帳が「真っ白!」になったのには心底ビビりました。

それまでも時折、「ヒマだ!」と思ったことはありましたが、ゴロゴロしたり、昼間から寝たりして、それなりにやり過ごしていました。この「やけにヒマだけど、やることがなくて、どうしようもない状態」を、私は「ヒマだ病」と名づけており、けっこうやっかいな精神疾患の一種だと考えています。

それでもなんらかの予定が入っていればなんとかやり過ごせたのですが、2021年8月1日を機に「スケジュール帳が、未来永劫にわたって真っ白」となったことで、私は強い恐怖を覚えたのです。

多忙なビジネスパーソンの方々は「うらやましい!」とお思いになるかもしれませんが、いやいや、と。「未来永劫にわたって、なんの予定も入っていない状態」というのは、まったくもってうらやましくないことです。

一昔前に、リストラ(クビ切り)の対象になってしまった会社員が、「1日中、個室に閉じ込められて、なんの仕事も与えられない」というイジメに遭う、ということが話題になりましたよね。あの感じです、「未来永劫にわたって、なんの予定も入っていない状態」というのは。

ほら、全然うらやましくないでしょ。

「二つの副業」に救われた

心底ビビった私は、2021年8月2日から「デイトレーダー」としてのデビューを果たしました。こうして平日の9時少し前から15時少し後までは、「やること」ができました。

また、私は長年、副業として株式投資に関する有望銘柄情報を配信するオンラインサロンを運営してきました。このサイトで配信している銘柄情報の過去10年間の戦績は、「124戦で2敗だけ」です（詳細は私のホームページに掲載してあります。ご興味のある方は、「兜町大学教授の教え」というキーワードでググってみてください。このサイトの右上の「過去の成績」というタブをクリックしていただければ閲覧していただけます）。この仕事はまさに「イヤじゃない仕事」だったので、定年後も続けることにしたのです。

そして、軽い気持ちで始めたデイトレは思った以上に成果が出て、1年4カ月の間、ほぼ毎日トレードして、1日の（日次の）損益がマイナスだった日は2回しかありません。

このデイトレも私にとっては「イヤじゃないこと」として、今後も続けていくつもりです。

私はこの二つの「副業」にまさに救われたといっていいでしょう。株式投資というスキルがあったおかげで、引退後も「ヒマだ病」に罹患することなく、とても快適な毎日を過ごすことができています。もし私に株式投資のスキルがなかったら、今ごろ、重度のうつ病にでもなっていたのではないかと、ゾッとします。

このようなわけですので、繰り返しになりますが、「引退はしても、完全なリタイアをしてはイケナイ！」のです。

いくらお金があっても「ヒマだ病」からは逃れられない

さりとて、「イヤな仕事」とは、60歳前後までには決別したいものです。ですから大事

なことは、

「イヤな仕事は引退するが、完全なリタイアはしない」

ということに尽きます。

引退後に何もやることがない人は、よほど仕事がイヤでない限り、引退してはいけません。そんなことをすると、「ヒマだ病」の地獄が待ち受けています。

本書ですでに述べたように、現役時代にやっておくべきことは、

・好きな仕事か、イヤじゃない仕事に就くこと
・なんらかの副業を始めておくこと
・株式投資のスキルを身につけておくこと

です。

そして、その**「イヤじゃない仕事」が、60歳を過ぎても「イヤじゃない仕事」のままだったら、いくらお金が貯まっていても、辞めないほうがいい**です。

私自身も満55歳の頃には、経済的には本業を辞めても大丈夫な状態になってはいたのですが、58歳を過ぎるまでは仕事がイヤじゃなかったので、財産の額には関係なく、仕事を辞めませんでした。

私の場合、本業であった「イヤじゃない仕事」が、60歳前後で「イヤな仕事」に変貌してしまったので自主的に定年退職するという道を選んだのですが、今思えばやや無謀だったなとも思います。デイトレードという、新たな「イヤじゃないこと」に出会うことができたわけですが、それはあくまでも「たまたま」。もしやることが見つかっていなかったらどうなっていたか、冷や汗が出ます。

ですから、繰り返しになりますが、「イヤじゃない仕事」が、60歳を過ぎても「イヤじゃない仕事」のままの人は、財産の多寡に関係なく、「イヤじゃない仕事」は辞めないほうがいいのです。あるいは、今の仕事がイヤで仕方がない人は、本業以外に「イヤじゃない仕事」を早めに見つけておきましょう。

いくら資産があっても、「やること」がなければ、この「ヒマだ病」からは逃れることができません。私自身、おかげさまで一生働かなくてもなんとかなる資産を形成しておりますが、それでもやはりこの「恐怖のヒマだ病」から逃れることはできなかったのです。

また、「イヤじゃないこと」は必ずしも仕事である必要はないと思いますが、やはりお金を稼ぐ（なんらかの見返りがある）という側面がないと、なかなか本気になれないのも事実です。これまた資産のあるなしにかかわらず、**「対価が得られる活動（マネタイズさ**

れている活動)」を、ぜひ見つけてほしいと思います。

「残りの人生では、イヤなことはしない!」と決意する

還暦を迎えると、「人生の時間の残りが少ない」という事実を実感します。実感しない人は、思考停止に陥っているだけです。

「人生100年時代」はウソです。個人差はありますが、健康寿命は、ザックリと言えば男女とも75歳前後までです。還暦を迎えたら、「人生の時間の残りは、もう少ない」のです。健康な時間は10年か、せいぜい15年しか残っていないのです。

ですから、還暦を迎えたら、「残りの人生では、イヤなことはしない!」と決意することが肝要です。

仕事はもちろんのこと、プライベートでも、「イヤなことはしない!」と決意するのです。還暦を過ぎたら、「イヤなこと」をしている時間は、もうないのです。残りの人生はもう、そんなことをしていてもいいほど長くはないと心得ましょう。

ただし、「まったく何もしないのは、イヤなことである」ということも事実です。そう考えると、結局「遅くとも還暦までには、『イヤじゃない仕事』を見つけておく必要がある」ということが一番大事なのです。還暦前後で「イヤな仕事」は辞めて、「イヤなこと」にも見切りをつけて、見つけておいた「イヤじゃない仕事」を続けていくのです。

「理想的すぎる老後の生活」の具体的イメージ

実は私自身も、本業を退職する少し前までは、「本業を退職したら、本業の分の年収はなくなってしまうのだから、その分は生活費を切り詰めて、慎ましく生活していかなければいけないのだろうな」と漠然と思っていました。しかし、現実はというと、事前の想定を「良いほう」に裏切ってくれました。

現役を引退しても、副業の「株式投資のオンラインサロン」には負の影響はまったくありませんでしたし、引退後４カ月を過ぎた時点からは、デイトレを始めたため、年収は爆上がりしました。

私の例は極端だとは思いますが、老後にどんな生活になるのかに関しては、お金の面でも仕事の面でも、あまり悲観的にならないほうがいいように思います。むしろ、多少は「楽観的」にとらえていたほうが気持ちも楽ですし、実際にも事態が好転する可能性が上がります。

そこで最後に、あえてやや楽観的で理想的な「第一の青春」としての老後の生活のシミュレーションをお示ししてみたいと思います。

仕事面──イヤになるまで続ければいい

本業を退職したあとも、「イヤじゃない副業」は続けます。仕事をしている限り、「ヒマだ病」に罹患することは、あまりありません（それでも、少しはありますが。苦笑）。

いつまで続けるのかというと、「イヤになるまで」です。投資によってお金の不安も払拭されていますので、お金のために働く世界からは脱却しています。イヤになったらその仕事を続ける必要はないのです。

「仕事といっても、毎日あるわけではないし」という場合は、それ以外の「副業」を探してみましょう。本書でご紹介した「退職後のデイトレ」もオススメです。

お金面――理想の運用資金とは？

お金は「ストック」と「フロー」の二つの次元でとらえるべきものです。「ストック」とは保有する資産のことで、「フロー」とは手取りの年収のことです。

まず、ストックですが、なるべく早く運用を開始することで、60代で８０００万円、できれば2億円くらいの運用資金があるのがベストです。

８０００万円に加え、生活用の現金預金が５００万円くらいと、インフレ対策の金地金が１５００万円くらいあるのが理想です。合計で1億円くらいですね。

なお、「総資産額の８割もの割合を株式というリスク資産に投じ込むのはリスキーなのではないか」という懸念が「あるある」なのですが、私はこれにも二つの意味で反対の意見を持っています。

まず、多くの人は、「リスク資産」という言葉と、「リスキー」という言葉を正確に理解していないと思うのです。「リスク資産」というのは、ファイナンスの世界の専門用語です。その意味は、「危ない（リスキーな）資産」ではありません。ファイナンスの世界では、「価格が変動する資産」のことをリスク資産というのです。そういう誤解こそが「リスク（危険なこと）」です。

株式は「価格が変動する」という意味でリスク資産ですが、危ないわけではありません。価格は下がることもありますが、上がることもあり、どちらの場合もファイナンスの用語では「リスク」なのです。

繰り返しますが、株式は「危ない（リスキーな）資産」ではありません。資産形成のための有用なツールです。

また、株式はその会社がつぶれると紙切れになるといわれますが、本書で紹介した投資法は財務的な基盤がしっかりとした優良な企業群しか投資対象にしていません。ですから、株が紙切れになる可能性は限りなくゼロに近いと考えていいでしょう。

また、企業というのは基本的に、利益を源泉として内部留保を蓄積する組織体なので、長期的にみれば、その「企業の価値」は増えていくことが基本です。そして、その「企業の価値」が数値になったのが「株価」です。ですから、財務的な基盤がしっかりとした優良企業の株価は、時間の経過とともに「増えていくこと」が基本なのです（大赤字を計上し続ける企業は、「企業価値」を減らし続けますが、そんなのは投資対象として論外です）。

あえて「最高の理想論」を述べてみる

次に「フロー」について。

前に述べたように、運用資金は少なくとも８０００万円あることを前提としています。「８０００万円なんてとんでもない！」という方もいらっしゃると思いますし、第２章でご紹介したように、あくまで「地味に」生活する分には、３０００万円の運用資金があれば十分やっていけます。しかし、ここではあくまで「夢を見る」ことを目的として、あえて８０００万円を前提に考えたいと思います。

まず、運用利回りを（本書が目指す「税引き後で10％」よりもだいぶん控えめにして）税込みで「７％」とします。そうすると、税引き後は、およそ「５・６％」です。８０００万円の５・６％は、「４４８万円」です。

そして、副業からの収入は、少なくとも手取りの年収で１５０万円は得ておきたいところです。

これによって、手取りの年収はおよそ６００万円になります。月額で50万円です。しかも、年金は別で、です。月額50万円といえば、月2回くらいちょっと贅沢な旅行に行き、毎週ちょっといいレストランで食事をしても、十二分に賄える金額です。旅行やレストランではなく、自分の趣味に毎月10万円くらいつかってもいいでしょう。

これならば、本書が目標とする「税引き後で10％」よりもだいぶ少ない運用利回りである「税引き後で5・6％」でも、かなり余裕のある老後の生活がエンジョイできますね（運用利回りがもっと高ければ、その分さらに余裕が出てきますし、年金収入を加味すれば、さらに余裕ができます）。

さらに、あえてここで「最高の理想」を展開してみます。

運用資金が2億円で、運用利回りが本書の目標通り、税込みで「12・5％」、手取りで「10％」とします。そうしますと、手取りの年収は株式投資だけで「2000万円」です。

そこに、副業からの収入が手取りで月額50万円ほどあれば、手取りの年収は合計で「2600万円」です。まさに「ファットＦＩＲＥ」ですね。このくらいまでいけば、かなり理想的です。

しかし、この「最高の理想」は、あくまでも「理想論」としましょう（ただし、私を含めて、この理想論以上の状況を現実のものにしている人も、世の中にはたくさんいます）。

ここであえて最高の理想を展開したのは、この最高の理想に比べれば、一つ前に述べた「手取り年収が６００万円」というのは十分に実現可能だと実感していただきたかったからです。

60歳からの「やりたい放題」の自由な生き方

60代で定年退職か早期退職をして、老後をエンジョイしている人がよく言う言葉に「60代が第二の青春になった」というものがあります。

私は２０２１年3月に早期退職をして、現在61歳ですが、「60代が第一の青春になった」と思っています。「第二の」ではなく、「第一の」です。

10～20代にも青春時代がありますので、時系列順でいえば、60代にやって来る青春は、「第二の青春」ですが、私は極めて幸いにして、自分の10～20代の青春時代よりも60代の青春時代のほうが遥かに素晴らしいので、時系列の順ではなく、楽しさの順でいうと、

「60代が第一の青春になった」と思っているのです。

私は「学生生活フォエバー」を夢見て、それを実現した人生でしたから、10～20代の頃も、かなり楽しかったです。

しかし、10～20代の頃よりも今のほうが、自由になる時間とお金がたくさんあり、「人生経験」もあるので、今の青春時代のほうが人生を楽しめているのです。したがって今が「第一の」青春なのです。


結局、仕事の面でもお金の面でも理想的な状態を築き上げると、「やりたい放題」の自由な生き方ができるようになるのです。これが最も素晴らしいことです。

これは、「仕事の面でもお金の面でも盤石の態勢」を築いた老後だけにやってくる「ハーヴェスト（収穫期）」です。お金の不足や不満を抱え続ける「リーンＦＩＲＥ」とはまったく別の次元の、本当にやりたい放題の「第一の青春」を謳歌できるようになるのです。

そんな「第一の青春」の、自由でやりたい放題な生き方の具体例を、老後における「1週間の生活サイクル」の形でお伝えします。

「1週間の生活サイクル」は、人それぞれ、十人十色だと思いますが、ここでは私の例をサンプルとして述べてみます。

平日は、毎朝8時40分に起きます。寝室から書斎まで、つまり通勤時間は「徒歩2秒」です（「分」じゃないですよ、「秒」ですよ）。

手と顔は洗いますが、着替えずに寝間着のままパソコンに向かって、デイトレの開始です。朝ご飯は、デイトレをしながら食べます（朝9時の寄り付きで、前日から持ち越したオーバーナイトものが高く売れることもありますので、「朝飯前で」数十万円の利益を獲得できてしまうこともあります）。

前場と後場の間の11時半～12時半は昼食タイムです。12時半～15時までもデイトレでパソコンに向かい、後処理を終えて、15時半からは、特にやるべきことはありません。

週に2回は15時半から17時までスポーツジムに行きます。健康維持とメタボ対策のためです。スポーツジムに行かない日は、15時半から友達に会って、喫茶店でおやつを食べます（おやつタイム）。「月に一度」くらいの頻度で会う友達を数人作っておけば、週に一度は友達と「おやつタイム」という感じになります。

これで、平日5日間のうちの3日は、17時までの「きょういく」と「きょうよう」ができます。ご存じの方も多いと思いますが、「きょういく」と「きょうよう」とは、「教育」と「教養」ではなく、「今日、行くところ」と「今日の用事」です。老後は、この「きょういく」と「きょうよう」がなくなること（＝「ヒマだ病」）が大敵なのです。

あとの残りの平日2日間の15時半から17時までは、本を読んだり、執筆をしたり、株式投資のデータ分析をしたり、眠い時は寝たりします。

なお、このように過ごしても、17時から「19時頃からの晩ご飯タイム」まではヒマなのですが、この時間帯は、副業の時間です。ただし、私の副業は、毎日やることがあるわけではないので、やることがない時はこの時間帯でも、本を読んだり、執筆をしたり、株式投資のデータ分析をしたり、眠い時は寝たりしますが、基本的に「気まま」です。もちろん、買い物に行ったりもします。

晩ご飯のあとは、主にメールを書いています。前著を上梓して以来、多くの方からメールを頂戴するようになったので、その返信を書いたり、親しい人にメールをしたりしているうちに、夜中の2時とか3時になることもザラです。

やはり60代は「第一の青春」だ

さて、問題は土日です。土日はデイトレ（＝やること）がないので、「ヒマだ病」を発症してしまいがちです。そこで私は、なるべく「小旅行」をするようにしています。

日頃は名古屋に住んでいるので、主に東京か京都に出かけます。東京には、現役時代の友人などに会いに行きます。私のような気ままな自由人におつき合いくださる友人知人の大切さを実感しています。

また、月に一度は、株式投資の勉強会を渋谷で主宰しています。

京都には観光と美味しいものを食べるために行きます。祇園のステーキハウス「新吾」には、ちょいちょい行きます。また、四季折々の京都の風情は、日本ならではです（春はお花見、夏は五山の大文字焼き、秋は紅葉、冬は八坂神社に初詣です）。名古屋駅から京都駅は、新幹線で35分なので、とても近いです。

もちろん、海外旅行に行きたくなれば行くのですが、コロナのせいで昨今は海外に行きにくいので、国内旅行で満足するようにしています。

このようなわけで、「やりたい放題」の自由な生き方といっても、酒池肉林のムチャクチャな生活をするわけではありません。ただ、ひたすら「気まま」なのです。

とはいえ、この「ひたすら気ままな生活」というのは、若い頃にはなかなか手に入れることができないのも事実です。一般的に青春時代といわれる10～20代前半は、常に勉強などの義務に追われていますし、将来への漠然とした不安も常に抱えています。お金もあまりなく、アルバイトをしてちょっとした贅沢をするのがせいぜいです。

30～50代になると、仕事にプライベートに追われる生活が待っています。常に「すべきこと」に追われてきた方がほとんどではないでしょうか。

本当に気ままな生活ができる60代こそまさに「第一の青春時代」だと私が言う理由を、皆さんにもおわかりいただけましたでしょうか。

おわりに～60代を「青春時代」にする考え方～

第4章の章末や第5章において書いたような自慢めいたことを申し上げるのは大変僭越で、気が引けるのですが、読者の皆さんにも、ぜひとも「素晴らしい老後」を迎えていただきたいので、あえて書いてみました。そして、読者の皆さんにも、「素晴らしい老後」を迎えていただくための考え方やノウハウを本書に詰め込みました。

時間をかければ、誰でもできることです。「あんたは、いいわな！」と思わずに、本書の中で「気になった点」を読み返してみてください。なんらかのご参考になれば幸いです。

「老後に向けて、ちゃんと準備をしさえすれば、老後の生活って、こんなに素晴らしいんだよ！　みんな、聞いて、聞いて！」という気持ちで、本書を書きました。

60代を「『第一の』青春時代」にするための考え方の中で、一番大事なことは、還暦に至るまでの人生において、「普通の人はそうはしないよな」といった「メンタルブロック」

を外すことです。そして、「自分が不本意な生き方はしない」ことです。

そしてさらには、「適切なリスクを取って、挑戦し続ける」ことです。その先には「人生のハーヴェスト（収穫期）」が待っています。それこそが、「輝ける60代」です。


私の拙い持論におつき合いいただき、ありがとうございました。拙稿の中のどこかの部分がご参考になれば幸甚です。

本書は、ＰＨＰ研究所の吉村健太郎氏のご尽力によって世に出すことができました。感謝の気持ちでいっぱいです。また、私を支えてくださるすべての方に感謝しています。

そして、私が「ＦＩＲＡ60」を達成した後の人生において、おつき合いしてくださっている大切な人に、本書を捧げます。

読者の皆さん、最後までお読みいただき、本当にありがとうございました。

「国際優良企業」「財務優良企業」リスト

本書第4章にて解説した「国際優良企業」「財務優良企業」全企業リストを掲載します。これらの企業の株価がProf. サカキ式投資法における適正水準（本文参照）になった場合、投資対象となります。

※2022年 12月時点の数字をもとに作成してあります。今後の決算によりリストは入れ替えになる可能性がありますので、ご留意ください。

※表には「JPX400」（JPX日経インデックス400）に該当するかどうかも示しています。JPX400とは「投資者にとって投資魅力の高い会社」を選んだものであり、この表に選ばれている上にJPX400にも選ばれているものは、より魅力ある銘柄ということもできます。

※投資は自己責任で行うものですので、本書を参考にしていただきながら、最終的には投資家各位の自己責任においてご判断ください。

※著者のHPにて随時、最新情報を発信していますので、そちらもご参照ください。

兜町大学教授の教え　　http://www.prof-sakaki.com/zemi

国際優良企業群

配列はCode順。＊は財務優良企業にも該当する企業。HD＝ホールディングス

No.	Code	銘柄名	JPX400
1	2502	アサヒグループHD	○
2	2802	味の素	○
3	2914	JT（日本たばこ産業）	○
4	3382	セブン&アイ・HD	○
5	3402	東レ	○
6	3407	旭化成	○
7	4063	信越化学工業*	○
8	4452	花王	○
9	4502	武田薬品工業	○
10	4503	アステラス製薬	○
11	4507	塩野義製薬*	○
12	4523	エーザイ	○
13	4568	第一三共	○
14	4901	富士フイルムHD	○
15	4911	資生堂	○
16	5108	ブリヂストン*	○
17	6098	リクルートHD	○
18	6273	SMC*	○
19	6301	小松製作所	○
20	6326	クボタ	○
21	6367	ダイキン工業	○
22	6501	日立製作所	○
23	6503	三菱電機	○
24	6594	日本電産	○
25	6752	パナソニックHD	○
26	6861	キーエンス*	○

No.	Code	銘柄名	JPX400
27	6869	シスメックス*	○
28	6902	デンソー	○
29	6954	ファナック*	○
30	6971	京セラ*	○
31	6981	村田製作所*	○
32	7203	トヨタ自動車	○
33	7267	本田技研工業	○
34	7269	スズキ	○
35	7270	SUBARU	○
36	7309	シマノ*	○
37	7741	HOYA*	○
38	7751	キヤノン	
39	7974	任天堂*	○
40	8035	東京エレクトロン*	○
41	8113	ユニ・チャーム	○
42	9983	ファーストリテイリング	○

財務優良企業群

配列は純資産の額が大きい順。*は国際優良企業にも該当する企業。HD=ホールディングス

No.	Code	銘柄名	JPX400
1	4063	信越化学工業*	○
2	6971	京セラ*	○
3	5108	ブリヂストン*	○
4	4578	大塚HD	○
5	6981	村田製作所*	○
6	6861	キーエンス*	○
7	7974	任天堂*	○
8	6954	ファナック*	○

No.	Code	銘柄名	JPX400
9	6273	SMC*	○
10	8035	東京エレクトロン*	○
11	4507	塩野義製薬*	○
12	9404	日本テレビHD	
13	9401	TBS　HD	
14	6963	ローム	
15	4661	オリエンタルランド	
16	4581	大正製薬HD	
17	6988	日東電工	○
18	4151	協和キリン	○
19	7741	HOYA*	○
20	9843	ニトリHD	○
21	4042	東ソー	○
22	6586	マキタ	○
23	5901	東洋製罐グループ HD	
24	4528	小野薬品工業	○
25	6645	オムロン	○
26	4182	三菱瓦斯化学	○
27	7276	小糸製作所	○
28	7309	シマノ*	○
29	7832	バンダイナムコHD	○
30	1944	きんでん	
31	6448	ブラザー工業	○
32	5214	日本電気硝子	
33	6113	アマダ	○
34	2002	日清製粉グループ本社	
35	6923	スタンレー電気	
36	2267	ヤクルト本社	○
37	1662	石油資源開発	
38	9076	セイノーHD	
39	7951	ヤマハ	○

No.	Code	銘柄名	JPX400
40	9602	東宝	○
41	8227	しまむら	
42	9409	テレビ朝日HD	
43	5947	リンナイ	○
44	9364	上組	
45	8060	キヤノンマーケティングジャパン	
46	2875	東洋水産	○
47	7701	島津製作所	○
48	1721	コムシスHD	○
49	9301	三菱倉庫	
50	6806	ヒロセ電機	
51	5444	大和工業	
52	4114	日本触媒	
53	2801	キッコーマン	○
54	6869	シスメックス*	○
55	9766	コナミグループ	○
56	4205	日本ゼオン	○
57	6460	セガサミーHD	
58	2810	ハウス食品グループ本社	
59	6857	アドバンテスト	○
60	3626	TIS	○
61	2670	エービーシー・マート	○
62	7313	テイ・エス　テック	○
63	5463	丸一鋼管	
64	8282	ケーズHD	○
65	6417	SANKYO	
66	4684	オービック	○
67	4530	久光製薬	
68	6146	ディスコ	○
69	6592	マブチモーター	

No.	Code	銘柄名	JPX400
70	3088	マツキヨココカラ&カンパニー	○
71	6465	ホシザキ	○
72	6976	太陽誘電	○
73	9684	スクウェア・エニックス・HD	○
74	4922	コーセー	○
75	4540	ツムラ	
76	1417	ミライト・ワン	○
77	2206	江崎グリコ	
78	4272	日本化薬	
79	7984	コクヨ	
80	2432	ディー・エヌ・エー	
81	4547	キッセイ薬品工業	
82	1941	中電工	
83	6965	浜松ホトニクス	○
84	8595	ジャフコ　グループ	○
85	5232	住友大阪セメント	
86	3591	ワコールHD	
87	6925	ウシオ電機	
88	9072	ニッコンHD	
89	4716	日本オラクル	○
90	9989	サンドラッグ	○
91	4403	日油	○
92	7278	エクセディ	
93	4045	東亞合成	
94	6845	アズビル	○
95	4021	日産化学	○
96	7966	リンテック	
97	6134	FUJI	○
98	2121	MIXI	
99	6371	椿本チエイン	

巻末付録「国際優良企業」「財務優良企業」リスト

No.	Code	銘柄名	JPX400
100	2327	日鉄ソリューションズ	○
101	4967	小林製薬	○
102	1950	日本電設工業	
103	4023	クレハ	
104	2229	カルビー	○
105	5451	淀川製鋼所	
106	6103	オークマ	
107	4095	日本パーカライジング	
108	7981	タカラスタンダード	
109	7222	日産車体	
110	4516	日本新薬	○
111	4186	東京応化工業	
112	9948	アークス	
113	4527	ロート製薬	○
114	6967	新光電気工業	○
115	4206	アイカ工業	○
116	4041	日本曹達	
117	4665	ダスキン	
118	6005	三浦工業	○
119	4471	三洋化成工業	
120	6136	オーエスジー	
121	6807	日本航空電子工業	
122	6849	日本光電工業	○
123	5393	ニチアス	○
124	4521	科研製薬	○
125	9830	トラスコ中山	
126	7296	エフ・シー・シー	
127	2659	サンエー	
128	5423	東京製鐵	○
129	4733	オービックビジネスコンサルタント	

No.	Code	銘柄名	JPX400
130	4534	持田製薬	
131	4569	キョーリン製薬HD	
132	2201	森永製菓	○
133	6641	日新電機	
134	9832	オートバックスセブン	
135	8871	ゴールドクレスト	
136	7729	東京精密	○
137	3002	グンゼ	
138	4551	鳥居薬品	
139	6737	EIZO	
140	5331	ノリタケカンパニーリミテド	
141	7817	パラマウントベッドHD	
142	6436	アマノ	
143	3191	ジョイフル本田	
144	6804	ホシデン	
145	4212	積水樹脂	
146	5186	ニッタ	
147	1377	サカタのタネ	
148	8022	美津濃	
149	6744	能美防災	
150	7864	フジシールインターナショナル	
151	3765	ガンホー・オンライン・エンターテイメント	○
152	7943	ニチハ	
153	7739	キヤノン電子	
154	2815	アリアケジャパン	
155	6651	日東工業	
156	4958	長谷川香料	
157	3201	日本毛織	
158	3593	ホギメディカル	

No.	Code	銘柄名	JPX400
159	3087	ドトール・日レスHD	
160	4694	ビー・エム・エル	○
161	9882	イエローハット	
162	7846	パイロットコーポレーション	○
163	6222	島精機製作所	
164	6432	竹内製作所	○
165	9413	テレビ東京HD	
166	1414	ショーボンドHD	○
167	9787	イオンディライト	○
168	7970	信越ポリマー	
169	7942	JSP	
170	6104	芝浦機械	
171	9746	TKC	
172	9793	ダイセキ	
173	7581	サイゼリヤ	
174	6454	マックス	
175	7917	藤森工業	
176	6118	アイダエンジニアリング	
177	1926	ライト工業	
178	7965	象印マホービン	
179	6379	レイズネクスト	
180	9039	サカイ引越センター	
181	9672	東京都競馬	
182	8167	リテールパートナーズ	
183	4917	マンダム	
184	8255	アクシアル　リテイリング	
185	5310	東洋炭素	
186	5541	大平洋金属	
187	8155	三益半導体工業	
188	5344	MARUWA	○
189	4368	扶桑化学工業	

No.	Code	銘柄名	JPX400
190	6420	フクシマガリレイ	
191	7476	アズワン	
192	5011	ニチレキ	
193	6999	KOA	
194	4812	電通国際情報サービス	○
195	6908	イリソ電子工業	
196	9945	プレナス	
197	5302	日本カーボン	
198	6875	メガチップス	
199	8130	サンゲツ	

※No.16の大正製薬HDとNo.89の日本オラクルはスタンダード市場ですが、安定性を考えリストに入れています。

※No.199のサンゲツは自己資本比率が基準を少しだけ割っていますが、配当の安定性が抜群なので、投資対象に加えています。

編集協力：スタジオ・チャックモール

PHP
Business Shinsho

榊原正幸（さかきばら・まさゆき）

1961年、名古屋市生まれ。名古屋大学経済学部、大学院経済学研究科を経て、同大学経済学部助手。93年、日本学術振興会特別研究員（PD）となり、その後、渡英して英国レディング大学に入学。帰国後の97年より東北大学経済学部助教授。2000年、日税研究賞を受賞。01年、英国レディング大学大学院より博士号（PhD）を授与される。同年、税理士資格を取得。03年、東北大学大学院経済学研究科教授。04年4月、青山学院大学大学院国際マネジメント研究科教授。21年3月に退任し、東京・青山を拠点にしてファイナンシャル教育の普及活動を続けている。会計学博士。早稲田大学非常勤講師。

シリーズ10万部突破の『株式投資「必勝ゼミ」』（PHP研究所）の他、『60歳までに「お金の自由」を手に入れる！』（PHPビジネス新書）、『会計の得する知識と株式投資の必勝法』（税務経理協会）など、著書多数。

PHPビジネス新書 454

60代を自由に生きるための

誰も教えてくれなかった「お金と仕事」の話

2023年1月27日　第1版第1刷発行
2023年3月10日　第1版第3刷発行

著　者　榊原正幸
発行者　永田貴之
発行所　株式会社PHP研究所
東京本部　〒135-8137　江東区豊洲5-6-52
ビジネス・教養出版部　☎03-3520-9619（編集）
普及部　☎03-3520-9630（販売）
京都本部　〒601-8411　京都市南区西九条北ノ内町11
PHP INTERFACE　https://www.php.co.jp/
装　幀　齋藤　稔（株式会社ジーラム）
組　版　石澤義裕
印刷所　大日本印刷株式会社
製本所　東京美術紙工協業組合

ISBN978-4-569-85386-4

「ＰＨＰビジネス新書」発刊にあたって

わからないことがあったら「インターネット」で何でも一発で調べられる時代。本という形でビジネスの知識を提供することに何の意味があるのか……その一つの答えとして「**血の通った実務書**」というコンセプトを提案させていただくのが本シリーズです。

経営知識やスキルといった、誰が語っても同じに思えるものでも、ビジネス界の第一線で活躍する人の語る言葉には、独特の迫力があります。そんな、「**現場を知る人が本音で語る**」知識を、ビジネスのあらゆる分野においてご提供していきたいと思っております。

本シリーズのシンボルマークは、理屈よりも実用性を重んじた古代ローマ人のイメージです。彼らが残した知識のように、本書の内容が永きにわたって皆様のビジネスのお役に立ち続けることを願っております。

二〇〇六年四月

ＰＨＰ研究所